나에게 불황은 없다

억대 연봉의 **백화점 매니저**가 전하는
진솔한 삶의 고백이자 경험적 세일즈 교과서!

나에게 불황은 없다

| 전현미 지음 |

추천사

마이너스의 한 인간이
플러스의 스페셜리스트로 성장한 자기계발서

전현미, 그녀의 자기성장 및 계발의 글을 읽다 보면 '인간의 가장 놀라운 능력 중 하나는 마이너스를 플러스로 만드는 것이다'라는 알프레드 아들러의 말이 무색하다.

우리는 흔히 성공지향적인 자기계발서에 유혹받기도 하고 마치 신화를 보는 듯한 자기애적인 글을 선호하기도 한다. 그만큼 영웅적 스토리나 우연을 가장한 성공담은 무조건 추종하고픈 견인력이 있다. 그러나 그녀의 글에는 이런 부분을 배재한 채 진정성이 뚝뚝 묻어온다.

어떤 미사여구나 수사가 필요하겠는가? 그녀가 연봉 1억의 여성 매니저라기보다는, 각종 기념비 될 만한 기록적인 현상이기보다는 끊임없이 도전하며 솟아오르는 열정으로 어려운 난관을 극복했다는 사실이 우리에게 현실적으로 다가오기 때문이다.

어찌 보면 그녀의 삶은 전투적이다. 녹록치 않은 환경 속에서도 굴하지 않고 그녀만이 해낼 수 있는 지혜와 열정 그리고 성실함이 그녀의 삶 속에 보석처럼 빛난다.

'강한 파도가 강한 어부를 만든다'라는 말이 있다. 강한 파도에 그녀는 잔다르크처럼, 체게바라처럼 버티고 거슬러 오르며 새로운 삶의 기록을 써 내려가고 있다.

오랫동안 유통업계의 주자로, 삶의 주도자로서 자신의 글을 겸허하게 써 내려가고 싶다는 그녀의 소망이 이루어졌다는 사실이 눈물나게 기쁘다.

바라건대 이 책이 널리 읽혀서 환경에 좌절하거나 한 치 앞도 보이지 않는 미로를 헤매는 청춘들에게 한줄기 빛이 되었으면 한다.

그래서 세상은 살아 볼만한 가치가 있다는 희망의 공명이 두루 퍼졌으면 한다.

다시 한 번 출간을 축하하며 일독을 감히 권한다.

작가 / 마케팅 스페셜리스트 **맹 명 관**

프롤로그

내가 가진 자산은 절실함과 자신감 그리고 미소뿐이다

빚만 안은 채 먹고살기 위해 들어간 백화점 아르바이트 주부사원. 돈 때문에 힘든 적은 많았지만 그로 인해 무조건 해야 하는 절실함과 무슨 일이든지 할 수 있다는 자신감이 생겨 지금의 나를 이 자리에 오게 했다.

나는 특별하지 않다. 대학도 다니지 못했다. 아니 정규교육은 중학교가 전부다. 뛰어난 재능이 있는 것도 아니다. 그렇다고 해서 뛰어난 미모를 갖춘 것도 아니다. 세상에서 자랑할 것이 아무것도 없다. 내가 갖고 있는 건 오직 절실함과 자신감, 미소뿐이다. 그런데 분명한 것은, 지금 나는 가장 행복하다는 사실이다. 그래서 이 행복을 독자 여러분들과 나누고 싶다.

지금까지의 내 인생을 돌아보는 지금 이 순간, 지금의 행복을 만들어 준 그간의 노력을 어떤 말로 쓸 수 있을까! 글을 쓰면서도 혹시라도 잘난 척한다는 이야기인가 싶어 조심하고 또 조심스럽다. 그럼에도 부족한 내가 글을 쓸 수 있도록 응원해 준 많은 사람들이 있기에 용기 내어 글을 썼다.

16년 전 남편과 나, 딸과 아들 4식구가 충북 제천에서 무작정 서울로 상경했다. 어떤 희망이 서울에서 기다리고 있었던 것도 아니었다. 그렇다고 특별한 기술이 있어서 먹고사는 데 문제가 없는 것도 아니었다. 먹고살기 위한 최소한의 돈도 남아 있지 않았기에 하루라도 빨리 일거리를 찾아야만 할 상황이었다. 그렇게 해서 벼룩시장에서 찾은 백화점 아르바이트 주부사원. 그날 이후 자존심 따윈 안중에도 없고 오로지 가족들과 먹고살기 위해 뛰고 또 뛰었다. 남들보다 1시간 일찍 출근하여 매장의 모든 청소를 도맡아 했고, 퇴근시간이 되도 남아서 전표 정리, 수선품 챙기기, 장부 정리 등의 업무를 꼼꼼하게 처리했다. 발가락이 부르트도록 발로 뛰면서 홍보하고 가장 낮은 자세로 고객들을 대했다. 그 결과 판매실적이 좋아 3개월 만에 정식직원이 되었다.

처음 일을 시작할 때부터 최고의 고객 서비스로 백화점에서 최고의 판매사원이 되어야겠다는 목표를 세웠다. 나는 그 목표를, 그리고 생각을 집중시켜 그렇게 되기 위한 행동을 했다. 결국 8개월 만에 매니저가 되는 성과와 연일 억대 연봉을 갱신하는 신화 속의 주인공이 되었다.

지나온 16년을 돌이켜 보니 정말 힘든 시기도 있었고, 백화점에서 일어나는 갖가지 해프닝으로 속상한 날도 많았다. 하지만 고객들 덕분에 기쁜 날이 더 많았다. 타 매장에서 구입한 옷을 갖고 와서 수선을 안 해 준다고 큰 소리 치며 소란을 떨다가 단골이 된 고객, 브랜드도 못 믿고 백화점도 못 믿는 고객에게 나 전현미를 믿어 보시라고 했더니 정말 날 믿었던 고객, 허름한 행색으로 몇 시간씩 매장 안에 옷만 입어 보다 가다가 어느 날 와서는 천만 원 가까운 매출을 올려준 고객, 환불 안 해 준다고 화가 나 칼을 휘두르며 소리 지른 고객. 그들이 있었기에 오늘까지 버텨온 것 같다.

세익스피어는 이렇게 말했다.

"불행을 고치는 약은 오직 희망밖에 없다."

무작정 서울로 올라와 먹고살기 위해 백화점 한 달짜리 단기 아르바이트생으로 들어간 나. 물건을 팔아본 적은 없지만 진심으로 고객을 대하면 통하지 않을 리 없다는 확신을 갖고 열정에 진심을 더해 고객을 상대한 끝에 지금은 '판매계의 신화' 대접을 받으면서 억대 연봉의 매니저가 되었다. 이제는 불행하지 않다.

이 책은 각종 서비스업에 종사하는 사람들에게 내가 어떻게 판매사원으로서 성장할 수 있었는지 경험을 풀어냄과 동시에 절망이라는 벼랑 끝에서 절실함과 자신감으로 살아낼 수 있었던 이야기를 전하고자 쓰게 되었다.

이 책에는 판매사원들과 매니저가 되고 싶은 시니어들이 멀리 돌아가지 않고 쉽고 빠르게 성장하길 바라는 나의 마음이 담겨 있다. 치열한 생존경쟁에서 살아남기 위해서는 끊임없는 자기계발과 독서로 자기 자신을 다져야 하며, 판매 스킬도 중요하지만 그보다는 인간적인 매력을 나만의 차별화 전략으로 삼아야 한다는 것을 말하고 있다.

'가장 늦었다고 생각하는 때가 가장 빠른 때'라는 말이 있다.

가장 낮은 자세로 일해야 하는 판매사원도 억대 연봉의 신화를 쓸 수 있다는 메시지를 통해 판매직에 있는 사람들에게는 꿈과 희망을, 그리고 독자들에게는 절실함과 자신감으로 무엇이든 할 수 있다는 용기를 전한다.

2018년 봄,

전 현 미

차례

추천사
프롤로그

chapter 1
절실하면 이루어진다

연봉 1억의 백화점 매니저 ---------- *15*
나는 이미 반란을 꿈꿔 왔다 ---------- *24*
한 달 12,000원이 가져다 준 희망 ---------- *31*
불 꺼진 매장에서 미래를 그리는 '생각놀이' ---------- *39*
남성 정장 코너에 여성 매니저? ---------- *47*
당당한 나로 산다는 건 ---------- *59*

chapter 2
고객은 내 삶의 동반자이다

블랙 컨슈머를 충성 고객으로 ---------- *73*
내부 고객도 홀려라 ---------- *86*
고객의 마음을 홀딱 반하게 하라 ---------- *92*
글로벌 고객도 등한시하지 마라 ---------- *98*
고객의 뼛속까지 니즈를 파악하라 ---------- *105*
한끝 틈새 디테일에 반하다 ---------- *111*

chapter 3
세일즈에 대한 나의 소견

판매자의 기본 자세 ————— *121*
상품을 더 돋보이게 하라 ————— *130*
코디네이터의 역할은 판매자의 의무이다 ————— *139*
서비스는 정과 덤이다 ————— *148*
상품을 팔지 말고 영혼을 팔아라 ————— *155*
어떤 상황이든 당당하게 수행하라 ————— *164*

chapter 4
내 삶의 원동력은 끊임없는 자기계발

어려움에 봉착했을 땐 도움을 받아라 ————— *175*
내가 개척한 인생의 등산로란 오로지 배우는 것이다 ————— *183*
불황엔 유행하는 매체로 고객과 소통하라 ————— *192*
패션 어드바이저 자격증으로 자존감을 높여라 ————— *198*
배움은 튼튼한 동아줄이다 ————— *208*

chapter 5
판매 현장에서 대기업 마인드로 승부하라

자신과 타협하지 말고 기본에 충실하라 ————— *221*
인재 양성은 가장 큰 미래 비전이요 투자다 ————— *229*
'숍 마스터'라는 전문가로서 소양을 닦아라 ————— *238*
사후 관리부터가 진정한 고객 관리다 ————— *247*
신념과 확신 있는 나로 거듭나기 ————— *254*

에필로그

chapter 1

절실하면 이루어진다

연봉 1억의
백화점 매니저

> 운명은 항상 인간을 위하여 보다 더 훌륭한
> 성공을 준비하고 있는 법이다.
> 그러므로 오늘 실패한 사람이
> 내일에 가서는 성공하는 법이다.
> -세르반테스

  나는 백화점 근무 8개월 만에 매니저가 되었다. 백화점 구경조차 해본 적 없던 내가 서울 한복판 최고의 백화점 매니저가 된 것이다. 경력 10년의 베테랑들도 못하는 어려운 일을 말이다. 나 스스로도 내가 어떻게 '판매계의 신화' 대접을 받으면서 억대 연봉의 매니저로 이 자리까지 올라올 수 있었는지 믿기지 않는다.

  내가 백화점 업계에 발을 들여놓은 것은 2002년 겨울이었다. 그해는 한국 축구가 월드컵 4강 신화를 만들어 낸 덕분에 온 나라 안이 축제 분위기에 휩싸여 있었다. 그러나 우리 가족에게는 남편의 부도라는 날벼락이 떨어졌다. 큰 사업체를 경영한 것은 아니었으나 착하기만 한 남편이 빚보증을 잘못 선 탓에 사업은 거덜이 났다. 부자는 망해도 3년 먹을 것이 있다는데 우리는 무거운 채무만 짊어졌을 뿐, 먹고살기 위한 최소한의 돈도 남아 있지 않았다.

그해 10월, 우리 네 식구는 충북 제천에서 야반도주하듯 무작정 서울로 상경했다. 어떤 희망이 서울에 기다리고 있었던 건 아니었다. 딸은 초등 3학년이었고, 아들은 고작 세 살짜리 젖먹이 어린아이였다. 나는 아이들과 먹고살기 위해서 처절하게 몸부림을 쳤지만 서울 하늘은 어둡기만 했고 빌딩숲은 현기증을 불러일으키기 충분했다.

방 한 칸짜리 반지하에 화장실도 밖에 있는 집에 이사를 온 날, 아이들에게 미안해서 어쩔 줄 몰랐다. 나는 설움을 참으며 "수정아, 서울은 집값이 비싸서 당분간 여기서 살아야 해"라고 말했다. 그랬더니 딸아이가 밝게 웃으며 "와, 엄마! 사실 나 이런 방에 살아보고 싶었어요"라고 대답하는 것이 아닌가. 겨우 열 살짜리 아이의 속 깊은 생각에 나는 가슴이 미어졌다.

누추한 단칸방에 앉아 있으려니 나의 청소년 시절이 떠올랐다. 여섯 식구가 셋방살이를 하며 살던 그 어려웠던 시절, 나는 중학교를 간신히 졸업한 뒤 바로 근처 방직공장에서 일을 했다. 고등학교에 진학한 친구들은 깨끗한 옷을 입고 다닌데 반해 나는 시커먼 기름 묻은 몸빼바지를 입고 가난에 찌들어 일해야 했다. 어쩌다 길에서 친구들을 마주치게 되면 아무 잘못이 없는데도 그들을 피하거나 외면하며 '더는 이렇게 살고 싶지 않다'고 다짐하면서 이를 꽉 물었다. 가난하게 태어난 건 죄가 아니지만 가난하게 사는 것은 죄라는 말을 되새기며…….

그런데 내가 반지하 단칸방에 처박혀진 두 아이의 엄마 신세라니 정말 믿고 싶지 않았다. 그래도 지금 돌이켜 보면 운명은 나의 편이었던 것 같다. 나는 미아리에 있는 백화점 주부사원 모집 광고를 보고 순간 이거다 싶었다. 백화점 아르바이트 경력은 없었지만 결혼 후 신사복 매장에서 시간제 아르바이트를 한 경험이 있었고, 남편의 식당 등 서비스업의 일들을 도와준 경험이 있었기에 나는 당당하게 이력서를 들고 면접을 보러 갔다.

면접관은 당시 그 백화점의 대리였는데, 까만 피부에 깐깐해 보이는 외모를 지닌 인물이었다. 그분은 내가 경력도 없는데다 판매사원을 구하는 브랜드가 젊은 친구들을 주로 상대해야 해서 합격시킬 수 없다고 난색을 표했다. 이력서에 적어낸 나의 경력은 경력으로 인정도 해 줄 수 없다고 했다. 하지만 난 포기할 수 없었다. 나는 벼랑 끝에 매달리는 절박한 심정으로 그분을 붙잡고 늘어졌다.

"대리님, 한 번만 기회를 주세요! 저는 뭐든지 잘할 수 있어요."

"이러시면 곤란해요. 안 된다니까요."

나는 난처해하는 그의 얼굴에서 일말의 희망을 보았다.

"한 달, 한 달만 일하게 해 주세요. 한 달만 해 보고 제대로 못하면 그땐 내 발로 나갈게요."

대리님은 아주 곤혹스런 표정을 짓더니 어쩔 수 없다는 듯 말했다.

"좋아요, 한 달입니다. 한 달짜리 단기 아르바이트니까 그렇게 아세요."

"네, 고맙습니다. 누구보다 열심히 잘하겠습니다."

지금 생각해 보면 한 달만이라도 일할 수 있게 해 준 대리님이 날 살려 준 은인이었다.

이렇게 해서 나는 한 달짜리 단기 아르바이트생으로 백화점 업계에 발을 들여놓았다. 그날 이후로 자존심 따윈 안중에도 없고, 오로지 가족들과 먹고살기 위해 반드시 백화점에서 살아남으리라 다짐, 또 다짐했다.

한 달짜리 시한부 아르바이트생에서 계약직 주부사원으로

한 달짜리 단기 아르바이트생 신분이었기에 동료 직원들은 나에게 좀처럼 곁을 내어 주지 않았다. 먼저 다가가려 노력해도 단답형으로 대답하기 일쑤고, 모르는 걸 물어보려 해도 시큰둥하게 대답하거나 말꼬리를 흐리며 자리를 피했다. 그렇다고 해서 손 놓고 있을 수는 없었다. 일단 부딪혀 보고 깨져 보기로 결심한 것이다. 그래서 나는 다른 직원들보다 한 시간 일찍 출근하고, 매일 직원들보다 한 시간 늦게 퇴근하기로 다짐했다. 백화점 업무 특성상 손님을 응대하느라 시간 안에 처리하지 못하는 일들이 많아 뒷정리를 하는 데만 해도 족히 한 시간 넘게 걸리는 잔업들이 많았다.

나는 아침에 한 시간 일찍 출근하여 매장의 모든 청소를 도맡아 했고, 출근하는 동료 직원들에게 모닝커피를 타 주며 그들과 조금이라도 가까워지려고 노력했다. 그리고 퇴근시간이 되면 직원들을 보내고 난 후 남아서 전표 정리, 수선품 챙기기, 장부 정리 등의 업무를 꼼꼼하게 처리했다. 주변에서는 자존심도 없냐고 이야기했지만, 여기서 잘해 내지 못하면 가족들과 다시 한 번 길거리에 나앉아야 한다는 절박함 때문에 더욱 열심히 일할 수밖에 없었다.

한번은 여느 때처럼 한 시간 일찍 나와 청소를 하고 있는데, 동료 직원 중 한 명이 나를 보고 깜짝 놀랐다.

"아니, 이 깜깜한 데서 뭐 하시는 거예요?"

매장의 전등 스위치가 어디 있는지 몰라 깜깜한 곳에서 빗자루질과 걸레질을 하고 있는 걸 보고 직원이 깜짝 놀라 물은 것이었다.

"아, 전등을 어떻게 켜는 줄 몰라서요."

동료 직원은 깜깜한 곳에서 청소하고 있던 날 보고 황당해하면서도 친절하게 스위치가 있는 곳을 알려 주었다. 그날 이후 나는 조금 더 밝은 곳에서 매장의 먼지를 쓸고, 닦고, 털어내며 하루를 시작할 수 있었다.

"간절히 원하면 이루어진다"는 말이 있지 않던가. 나는 그 말을 간절하게 믿고 실행했다. 결국 한 달짜리 단기 아르바이트생으로 일을 시작한 나는 잘리지 않았다. 어느덧 세 달, 네 달 계속 일을 하고 있었다. 한 달짜리 단기 아르바이트생에서 계약직 주부사원으로 말이다. 그리고 일정 시간이 지나자 정직원과 동등한 대우를 받게 되었다. 더구나 백화점 유니폼에서 브랜드 사복을 입을 수 있는 기회가 주어졌다. 그때 당시 백화점에서는 보통 계약직이나 주니어 사원은 검은색 단조로운 유니폼을 입고 일을 했고, 각각의 차이는 있었지만 대부분 브랜드 사복은 5년차 이상의 시니어와 10년차 이상의 매니저인 정직원만 입을 수 있었다. 3개월차 주부사원이 브랜드 사복을 입는다는 건 가히 파격적인 대우였다.

내가 그런 대우를 받게 된 데는 나만의 매장을 운영하는 방식이 성공을 거둔 덕분이었다. 내가 근무한 매장은 브랜드 특성상 이것저것 비교해 보기보다는 매장에 와서 물건만 집어 바로 포장해 가는 곳이었다. 그래서인지 단일 품목 매출은 높았지만 두 제품 이상을 구매해 가는 고객은 드물었다.

여기서 나의 세일즈 감각이 빛을 발했다. 나는 한 손님에게 한 제품이 아닌, 두 개, 세 개, 혹은 머리부터 발끝까지 풀 착장을 판매해 보기로 결심했다. 일명 정성과 서비스를 가장한 '찰거머리 작전'이었다.

나는 물품 구매를 망설이는 고객 곁으로 다가가 끈질기게 구매를 유도하는 것은 물론, 셔츠를 걸쳐 보는 손님에겐 셔츠 단추 하나하나를 끼워 주고, 바지를 착장하는 경우엔 두 무릎을 꿇고 손님의 움직임에 따라 단 높이를 맞춰 가며 몸에 맞는 최적의 바지 길이를 찾아 주는 등의 서비스를 했다. 평소 이런 서비스를 받아 보지 못한 손님들은 연일 감동했다.

뿐만 아니라 손님이 셔츠를 하나 고르면 그에 맞는 바지와 니트, 가디건을 골라 주고 거기에 맞는 코디 응용법까지 안내하니 셔츠 하나 구매해 갈 작정이던 손님들도 매장 밖으로 나갈 땐 쇼핑백 서너 개를 들고 나가는 것은 기본이었다. 매출이 네 배, 다섯 배로 뛰는 건 당연한 일이었다.

나는 백화점 선임자들 모두가 놀랄 정도의 실적을 아주 짧은 시간 내에 이루어 냈다. 당시 고객이 친절한 사원을 뽑아 주는 제도가 있었는데 나는 한 달에 한 번은 친절 사례가 올라 와서 몇 번의 친절상을 수상하기도 했다.

그런 실적 덕분에 나는 나도 모르는 사이 3개월 만에 정식직원으로 인정받고 있었다. 내가 그렇게 빠른 속도로 성장할 수 있었던 것은 주위에서 일 잘하는 사람을 알아보는 나의 눈썰미 덕분이었다. 나는 조금이라도 배울 것이 있는 사람이라고 여겨지면 그의 일거수일투족을 살피고 따라해 가며 배웠다. 가령 그들의 인사말도 좋아 보이면 바로 적용을 했다. 물건을 사고 나갈 때 그냥 "감사합니다.", "안녕히 가세요."가 아니라 "멋지게 입으세요.", "또 뵐게요." 하고 말했다. 처음엔 낯간지럽기도 하고 누군가를 따라한다는 것이 창피하기도 했지만 그럴수록 더 당당하게 내 것으로 만드는 연습을 쉬지 않고 했다. 이렇게 한 사람 한 사람의 장점을 따라하다 보니 어느새 나도 그렇게 변해 가고 있었다.

그 무렵 나는 '생각놀이'에 빠져 있었다. 정직원 못지않은 대우를 받고 있었으나 나는 아직 계약직 주부사원이었다. 나는 하루도 빠짐없이 머릿속으로 정직원이 되는 그림을 그렸다. 판매실적과 서비스 정신으로 업무 능력을 인정받으면서부터는 이왕 하는 거 '최고가 되자!' 하며 다짐 또 다짐했다. 어이없게도 나는 멋진 매니저들을 보며 내가 매니저가 되어 있는 미래 모습을 하루도 빠짐없이 그려 보았다. 그런데 그런 꿈이 그렇게 빨리 현실로 다가올 줄을 그 누가 알았을까! 나의 놀라운 판매실적은 금세 업계에 소문이 났다.

어느 날 내가 근무하던 브랜드의 경쟁사 사람이 나를 찾아왔다.

"나이도 있는 분이 왜 여기서 주부사원으로 있어요?"

처음에 나는 그가 하는 말의 진의를 파악하지 못했다. 그런데 그는 나에게 조심스럽게 함께 일해 보자고 제안을 했다. 성실하고, 잘 웃고, 친절하고, 판매도 제일 잘한다는 소문을 들었다며 파격적인 스카우트 제안을 한 것이다. 일개 임시직 주부사원인 나에게 어떤 직급도 거치지 않고 바로 매니저 자리를 주겠다는 것이었다.

나는 몹시 흥분되기도 했지만 그보다 당황스러웠다. 타 백화점 경쟁 브랜드의 매니저로 간다고 생각하니 잘할 수 있을까 싶어서 덜컥 걱정이 되기도 했다. 나에겐 정말 기적 같은 일이었다. 두려운 마음이 앞섰으나 나는 그것을 운명이라고 받아들이기로 했다.

론다 번의 저서 《시크릿》에는 '끌어당김의 법칙'에 대한 이야기가 나온다. 내가 이루어진다고 강렬하게 믿고 생각하면 우주가 호응을 해 오고 그것은 반드시 이루어진다는 것이다. 내가 '생각놀이'에 빠져서 정직원이 되고 매니저가 되는 꿈을 막연히 머릿속으로만 그렸는데 이렇게 빨리 이루어지다니 정말 믿기지가 않았다. 내 뺨을 꼬집어 볼 정도로 꿈같은 일이 나에게 찾아온 것이다.

그 후 나의 '생각놀이'는 소원을 이루는 강력한 도구가 되었다. 나는 하고자 하는 일의 결과나 내가 되고자 하는 나의 모습을 그림을 그리듯 머릿속으로 그려 보고 생각을 집중시켜 그렇게 되기 위한 행동을 반드시 했다. 내가 계속 매니저의 꿈을 꾸고 간절하게 행동함으로써 진짜 믿기지 않게 빠르게 그 일이 일어난 것이다. 이렇게 나는 8개월 만에 경쟁 브랜드 매니저 최고 호봉을 받으며 새로운 도전을 하게 되었다.

나는 이미 반란을
꿈꿔 왔다

> 비관주의자들은 모든 기회 뒤에 숨어 있는
> 한 가지 문제점을 찾아내고,
> 낙천주의자들은 모든 문제점 뒤에 숨어 있는
> 하나의 기회를 찾아낸다.
> —미상

사실 내 인생은 처음부터 고난과 반전의 연속이었다. 어릴 적 우리 집은 무척 가난했다. 내 고향인 경북 영주 풍기읍은 인삼과 사과로 유명한 고장이자 직물공장이 많았는데, 지금도 풍기 인견人絹으로 무척 유명한 곳이다.

인삼밭이나 과수원이 없는 집 자녀들은 대부분 원단 짜는 공장을 다녔다. 나 또한 예외일 수 없었다. 매일 비어 가는 쌀독을 걱정하며 하루 벌어 하루 먹고 살 정도로 어려운 형편이었기 때문에 중학교를 졸업한 뒤 나는 곧바로 원단을 짜는 직물공장에 다녔다.

요란한 베틀소리는 30여 년이 지난 지금도 잊히지 않는다. 직물을 짤 때 북shuttle이 움직이는 '딸각딸각' 하는 빠른 기계소리가 아직도 귀에 쟁쟁하다. 천을 짜기 위해서는 씨실과 날실이 서로 직조織造가 되어야 한다. 직기織機의 북은 씨실을 삽입하기 위한 탄환 모양의 도구로, 허공을 날아가서 씨실을 날실 사이에 짜 넣고 돌아오는 왕복 운동을 계속하면서 피륙을 짠다. 이때 북이 왕복하면서 직기의 기둥을 때리는 '딸각딸각' 소리는 상상을 초월할 정도로 커서 처음 그 소리를 들으면 귀가 먹먹하다고 표현할 정도이다.

일반적으로 베틀소리라고 하면 베틀에 앉아 잔잔하게 베틀노래를 부르는 아낙네나 할머니를 떠올리며 낭만적인 생각을 하는 사람들이 많은데 50대, 100대의 직기가 한꺼번에 돌아가면서 내는 소리는 공해나 다름없다. 옆에서 누가 소리를 질러도 잘 들리지 않을 정도로 소리가 커서 고막이 찢어질 것처럼 아프게 느껴지기도 한다. 기계소리에 청각을 잃는 사람들도 있으니 말해 무엇하랴.

나 또한 그곳에서 일한 후유증으로 청각을 일부 상실했다. 지금도 가는 귀가 잘 들리지 않는다. 상대방이 가까이에서 크게 말해야 들릴 정도니 말이다. 가끔 주위가 시끄러워 소리가 들리지 않을 때는 상대방의 입모양으로 알아차리는 경우도 많다. 이러한 고민 탓에 병원을 찾아가 보았더니, 의사 선생님은 고막재생수술을 하는 방법밖에 없다고 했다. 어릴 때 원하지 않는 일로 청각까지 일부 잃었다는 생각에 망연자실했더니 선생님께서는 이렇게라도 들리는 걸 다행이라 생각하라고 말씀하셨다. 요즘 같으면 산재 처리라도 해야 할 일이나, 그때는 항의도 못하고 직장이 있다는 것이 다행이라 여기며 그냥 바보처럼 일만 했다. 아무도 부당한 것에 항의하는 법을 알려 주지 않았고, 그저 참고 일하는 것이 능사인 시대이기에 가능한 일이었다.

 기계는 거의 24시간 돌아갔다. 1980년대까지 풍기 읍내 골목에는 직물공장이 200여 군데나 있어서 '철커덕철커덕' 기계 돌아가는 소리가 읍내 초입만 들어와도 들릴 정도였다. 내가 다니던 공장은 하루 열두 시간을 일주일씩 주간 야간을 반복하며 근무했다.

 일을 하며 가장 힘들었던 것은 배가 고파도 식사를 제대로 할 수 없다는 것이었다. 공장에는 변변하게 식사할 만한 곳도 없었고, 교대로 식사를 할 수 있는 환경도 아니었다. 기계를 돌려놓고 구석진 곳에 박스를 깔고 앉아 각자 싸온 도시락을 먹었다. 가끔 야간근무를 할 때면 야식으로 라면을 끓여 먹기도 했다. 하지만 기계가 멈추면 안 되기 때문에 원단 사고가 나면 일단 기계부터 살피느라 퉁퉁 불은 라면으로 허기를 때우기 일쑤였다. 지금 생각해 보면 참 구질구질한 시절이었다.

 그런데 정작 나를 힘들게 했던 것은 다른 데 있었다. 야간조일 때 밤새 열두 시간 일을 하면 다음날 아침 7시에 교대가 이루어진다. 야간근무를 마치고 졸린 눈을 비비며 공장 대문을 나서는 시간이 아이들이 등교하는 시간과 맞물렸다. 더구나 고등학교는 공장 앞을 지나야 갈 수 있었기 때문에 나의 퇴근시간과 고등학교에 다니는 동창들이 등교하는 시간이 딱 맞물려 마주치는 경우가 많았다.

"어? 현미 아니니? 야, 반갑다."

삼삼오오 수다를 떨며 등교하던 친구들이 집으로 향하던 나를 보는 순간 하는 말이었다. 하지만 난 하나도 반갑지 않았다. 오히려 쥐구멍에라도 들어가고 싶었다. 난 친구들과 마주친 아침이면 몸보다 마음이 참 힘들었다.

도서관에서 찾은 희망

그래서 그 무렵, 나는 나만이 즐길 수 있는 일을 찾았다. 그것은 도서관에 가서 책을 읽는 일이었다. 나는 야근근무가 끝나고 돌아와서 세 시간 정도 잠을 자고 집을 나섰다. 이대로 공장에 다니며 일만 할 수 없다는 생각에서였다. 일 외에 즐길 수 있는 나만의 취미를 찾고 싶기도 했다. 이왕이면 머릿속을 풍부하게 채워 줄 수 있었으면, 텅 빈 가슴을 메워 줄 수 있으면 좋겠다고 생각했다. 그렇게 고민하다 찾은 곳이 바로 도서관이었다.

열두 시간 밤샘 근무 후 다음날 아침에 퇴근하고 집으로 돌아오면 녹초가 되기 마련이다. 정신없이 세 시간 정도 눈을 붙인 후 무거운 몸을 이끌고 집을 나섰다. 몇 시간 못 자고 일어나는 게 힘들었지만 도서관에 간다고 생각하면 저절로 일어나졌다. 그렇게 야간근무를 하는 주는 거의 매일 도서관을 다녔다.

"또 어디 가는데?"

몇 시간 채 자지 않고 일어나서 밖으로 나가는 날 보며 엄마는 잔소리를 했다.

"도서관이요."

"도서관 가면 밥이 나오드나 돈이 나오드나 잠이나 더 자지 않고!"

도서관에 간다는 말에 아버지도 옆에서 거들며 큰 소리를 쳤다. 여자가 이름 석 자만 쓰면 되지 뭘 더 배우냐며 고래고래 소리를 질렀지만 나는 부모님의 말을 무시한 채 뒤도 돌아보지 않고 도서관으로 향했다.

집에서 도서관까지는 걸어서 40분 거리였다. 마을을 한참 벗어나 논두렁길 끝자락에 도서관이 있었다. 워낙 깡촌이라서 버스가 있었던 것도 아니었고, 설령 버스가 있다 하더라도 돈을 아끼기 위해 아마 나는 걸어다녔을 것이다.

도서관 가는 길은 유일하게 나 자신과 대화를 나누는 시간이었다. 아스팔트길을 걸으며 참 많은 생각을 할 수 있어 좋았다. 걷다 보면 눈이 시리도록 고운 햇살이 친구가 되어 주기도 했다. 그럴 때면 사색가가 되어서 나의 미래를 함께 설계했다.

'지금은 비록 학교도 못 다니는 형편이지만 언젠가는 나의 밝은 미래를 이 길이 밝혀 주겠지'라고 생각하며 나만의 길을 걷는 것이 참 행복했다. 가끔 답답할 때는 끝없이 보이지 않는 아스팔트길에 주저앉아 울기도 했지만 '저 길을 따라 계속 가면 어디가 나올까?', '서울로 가면 살아남을 수 있을까?' 등이 궁금해질 때쯤 엉덩이를 툴툴 털고 일어나 다시 도서관으로 가며 일단 현실에 충실하자고 다짐했다.

그러자 넓은 세상을 보는 소박한 꿈, 직물공장 공순이가 아닌 다른 직장에도 다녀보고 싶은 작은 소망이 꿈이 되어 날마다 무럭무럭 자랐다. 비록 지금은 시커먼 기름때가 묻은 몸빼바지를 입고 다니지만, 언젠가 친구들처럼 열심히 공부해서 좋은 직업을 갖고 돈 많이 벌어 잘 살 수 있으리라는 희망을 버리지 않았다. 그리고 '지금은 가느다란 빛이 비치는 좁고 어두운 동굴에 갇혀 있을지라도 언젠가는 탁 트인 들판에 나가 마음껏 햇빛을 맞을 기회가 있을 것'이라고 나는 굳게 믿었다.

그런 희망과 믿음을 자라게 해 준 곳이 바로 도서관이었다. 도서관은 돈이 없어도 책을 마음껏 읽을 수 있어 좋았다. 도서관에 비치되어 있는 모든 책이 나의 공략 대상이었다. 분야를 가리지 않고 닥치는 대로 읽었다. 안중근 의사의 말씀처럼 하루라도 책을 읽지 않으면 입안에 가시가 돋치는 기분이었다.

가장 많이 본 책은 소설 분야였다. 처음에 춘원 이광수의 〈무정〉, 〈사랑〉, 〈흙〉 등을 읽었을 때 이해할 수 없는 부분이 많아 난해하게 느꺼졌다. 그래도 참고 읽기를 반복하다 보니 서서히 눈과 마음에 책 읽는 근육이 생겼다. 특히 박경리의 《김 약국집 딸들》을 읽으면서 여성의 애환도 느낄 수 있었다. 어느 날은 니체의 《짜라투스트라는 이렇게 말했다》를 읽으며 '웃음만이 신을 이길 수 있다'는 놀라운 문구를 만나 큰 감동을 받기도 했다. 이상하게도 그 말이 무슨 계시처럼 내 가슴에 날아와 꽂혔다. 그날 이후 힘들어도 슬퍼도 한 번 더 웃으려 노력했고, 그 결과 난 엄청난 미소를 가진 사람이 되었다.

내가 늘 '미소 천사'처럼 웃고 다니자 나를 이해하지 못하던 아버지와 어머니도 나를 자랑스러워했다. 힘들고 가난했지만 그렇게 조금씩 우리 가족은 변해 가고 있었다. 그즈음 형편도 조금씩 나아져 집안엔 웃음소리도 들리기 시작했다. 지금도 나의 미소는 나름 백만 불짜리라고 자위한다.

한 달 12,000원이
가져다 준 희망

웃어라, 그러면 세상도 그대와 함께 웃는다.
울어라, 그러면 그대 혼자 울게 된다.
-엘라 윌러 윌콕스

나는 공장에서 첫 월급을 받은 날, 너무 기뻐서 숨이 턱에 차도록 집으로 달려갔다. 열일곱 살이라는 어린 나이에 내 힘으로 일을 해서 돈을 벌었다는 것이 너무나도 자랑스럽고 기뻤다.

"아버지, 아버지 저 월급 받았어요."

그러나 아버지는 '와, 우리 딸 정말 고생 많았구나'라는 말 한마디 없이 월급봉투의 돈을 세어 보고는 자신의 주머니에 넣어 버렸다. 어린 마음에 아버지에게 자랑하려고 보여 준 봉투였는데 월급은 그 후로도 계속 아버지의 것이 되었다. 나는 무척 서운했으나 그 당시 나는 아무 말도 할 수 없었다. 집에서 밥 먹여 주고 재워 주고 이만큼 키워

줬는데 무슨 돈이 필요하냐는 이유에서였다. 당시 함께 직물공장에서 일했던 언니의 월급 역시 아버지 주머니로 들어가는 것은 마찬가지였다.

내가 힘들게 번 돈을 왜 아버지가 가지냐고 항의라도 하고 싶었으나 나는 참을 수밖에 없었다. 당시 형편에 언니와 내 월급이 없이 여섯 식구가 살기에는 무척 빠듯했기 때문이었다.

나는 그날 방안에 들어가 시커먼 기름때가 묻은 내 손을 한참 동안 바라보았다. 내 자신이 무척 초라해 보였으나 내가 할 수 있는 건 부모님에게 순종하는 수밖에 없었다. 월급이 있다 해도 어디에 써야 할지 계획도 없었지만 희망이 풍선 빠진 바람처럼 허물어져 버렸다. 그때의 허전함과 허탈감이란…… 이루 말로 표현할 수 없었다.

몇 달 후 집에 책 파는 아저씨가 오셨다. 당시만 해도 책을 파는 영업직원이 동네를 돌아다니면서 사전이나 전집류를 팔고 다닐 때였다. 나는 언니와 같이 책장수 이야기를 관심 있게 들었다.

"이거 얼마예요?"

관심 있게 살펴보는 언니와 나를 보며 영업직원은 본래 가격은 훨씬 비싸지만 특별히 도매상 가격으로 해 주겠다고 했다. 하지만 그 가격이 무려 12만원이었다. 당시 월급이 30만 원이었던 것을 감안하면 나에겐 무척 큰돈이었다. 심지어 나는 월급을 고스란히 아버지에게 드리고 있는 형편이라 따로 용돈이랄 게 없었다.

가격을 듣고 아연실색하는 나에게 아저씨는 할부로 구매하면 한 달에 12,000원만 내면 된다고 했다. 그 말이 무척 솔깃했다. 나는 전집을 무조건 사서 읽어야겠다는 생각이 들었다.

나는 큰맘 먹고 아버지에게 말했다.

"아버지 이거 사 주세요. 저 이거 사고 싶어요. 용돈 12,000원만 주세요."

내가 태어나 처음으로 아버지에게 무언가를 사 달라고 한 날이기도 했다. 아버지는 잠시 고민하시는 듯하다가 선뜻 돈을 내어 주셨고, 나는 그 자리에서 매달 12,000원씩 10개월 할부로 책을 구입할 수 있었다. 그때부터 나는 월급을 아버지에게 갖다 드리고 아버지는 나에게 용돈 12,000원을 내어 주시는 것이 관례화되었다. 나는 그렇게 받기 시작한 한 달 용돈 12,000원에 마냥 신나기만 했다.

우리 집에 처음으로 전집이 도착한 날, 나는 세상을 다 얻은 듯 기뻤다. 학교 대신 공장을 나가야 하는 상황에서 배우지 못하는 한은 늘 가슴 한켠에 무거운 짐처럼 남아 있었으며 월급을 고스란히 아버지에게 드려야 하는 상황도 모래알이 손가락 사이로 빠져 나가는 듯한 허전함을 안겨 주었기에 본능적으로 그 허전함을 책으로 메우고 싶어 했던 것 같다. 아무런 의욕도, 희망도 없던 나에게 책은 빛과 같았다. 책이 오던 날, 책장에 꽂힌 책만 봐도 배가 불렀으며 힘이 솟는 듯한 느낌이 들었다. 가슴 깊숙이에서 차오르는 포만감이란 말로 다 표현할 수 없었다. 그것만으로도 나는 '더 열심히 일해 또 책을 사야지.' 하는 생각뿐이었다.

돌이켜 보면 인생에서 가장 중요한 사춘기 시절에 세계문학을 섭렵하며 마음을 다스릴 수 있었던 것이 나에겐 큰 힘이 되었다. 반항심에 삐뚤어질 수도 있었을 나이인데 그때 아버지에게 용돈을 달라고 용기를 낸 것이, 학교를 다니지 못하고 공장에 다녀야만 하는 스트레스를 책을 읽으며 풀 수 있었던 것이 지금 와서 생각해 보면 참 다행이라고 생각된다.

난 고등학교를 가지 못한 설움을 닥치는 대로 책을 읽으며 위안을 삼았다. 다행히 세 살 위의 언니도 책을 좋아해서 내가 산 전집을 같이 읽고 이야기를 했다. 같이 공장에 다닌 비슷한 또래의 언니도 워낙 책을 좋아해서 내 전집을 빌려 주고 책을 바꿔 보며 서로를 보듬었다. 함께하니 힘든 공장 생활을 그럭저럭 해나갈 수 있었다.

책을 읽을 수 있는 공간이면 닥치는 대로 책을 읽었다. 빛도 제대로 들지 않는 공장 구석이라도 상관없었다. 친구들이 학교도 못 다녀서 무식하다고 놀릴까 봐 은근하게 느끼던 노파심과 열등감을 나는 독서로 풀어나갔다.

배움에 대한 열망, 힘들어도 절대 포기하지 않았다

3년쯤 언니와 함께 다달이 월급을 갖다 드리니 얼추 빚도 갚고, 집도 지금보다 넓은 집으로 이사할 수 있었다. 그렇게 몇 년을 우린 일을 하며 집안을 일으켜 세웠다. 남동생, 여동생을 언니와 나처럼 고생시키지 않고 고등학교까지 편하게 보낼 수도 있었다. 어느덧 그런 익숙함에 행복을 느끼는 나를 발견할 수 있었다.

몇 년 뒤 드디어 언니와 내가 쓸 수 있는 방이 생겼을 땐 더할 나위 없었다. 언니와 내가 단둘이 잘 수 있는 공간이 생긴 것만으로도 무척 기뻤다. 밤늦도록 수다도 떨고, 책도 읽을 수 있었기 때문이었다. 매일매일이 어찌나 신나던지 더 이상 바랄 것이 없었던 시절이었다.

그 무렵 라디오 방송 〈별이 빛나는 밤에〉를 듣게 되었는데, 전국 각지에서 올라온 사연을 들으며 세상천지 남의 나라 일 같다는 생각이 들었다. 그런데 이상한 것은 그때부터 나의 우물 안 개구리 생활이 싫증나고 답답해지기 시작했다. 라디오를 통해 새로운 문화를 접하면서 내 안에선 조금씩 자극을 받고 있었다. 늘 즐겁기만 했던 도서관 가는 길도 왠지 우울하게 느껴졌다. 공장의 기계 소리도 답답하고 신경질이 났다. 여기에 계속 있다가는 이대로 늙어 죽을 것만 같아서 두려웠다. 나는 풍기라는 작은 동네를 벗어나고 싶었다. 늦은 사춘기가 온 것이었다.

풍기서 버스를 타고 30분 정도 나가면 영주시가 나왔다. 그 당시 내 두 발로 갈 수 있는 가장 넓은 세상이었다. 그곳에서 '소백 풍물'이라는 풍물 동아리에 들어갔다. 낮에 일을 마칠 때면 밤에 하는 동아리에서 장구와 북을 배웠다. 한바탕 크게 소리치고 나면 가슴에 묵은 체증이 내려가는 듯했으나 그것도 잠시였다. 배움에 대한 갈증이 사라지지 않은 탓이었다.

뜻이 있는 곳에 길이 있다고 했던가. 공장에 다니던 나는 일하면서 학교도 다닐 수 있는 제도를 찾아냈다. 2주에 한 번씩 일요일마다 학교에 가서 공부를 하고, 집에서는 방송을 청취하는 식으로 3년을 공부하면 고등학교 졸업장을 받을 수 있다는 것이었다. 나는 당장 안동에 있는 방송통신고등학교에 지원했다. 워낙 시골이라 왕복 세 시간을 버스 타고 다녀야만 했다. 그 과정에서 가끔 36시간 잠을 못 자고 야근을 할 때도 있었다. 몇 번은 방직기계 앞에서 깜박 졸다가 기계와 부딪혀서 손을 다칠 뻔한 아찔했던 순간도 있었다. 움직이는 베틀에 잘못하다 손이 끼이면 손가락이나 손목이 잘릴 수도 있었다.

"야 전현미, 너 정신 안 차릴래!"

"죄송합니다."

그날의 끔찍한 기억을 떠올리면 두려움에 온몸이 부르르 떨려 온다. 그럼에도 나는 공장장 눈을 피해 공부하고 책을 읽었다. 호되게 야단을 맞을 때도 있었지만 나는 결코 포기하지 않았다.

일을 하면서 공부한다는 것이 쉬운 일은 아니었지만 포기한다는 것은 나를 더욱 좌절시키는 것이었다. 나는 내 속에서 꿈틀거리는 배움의 갈증을 채우기 위해, 더 나은 인생을 살기 위해서 몸부림을 치며 그 시간을 견뎌 냈다. 그렇게 3년을 공부해 나는 고등학교 졸업장을 받을 수 있었다.

그럼에도 나는 멈추지 않았다. 고등학교 졸업장을 따고서도 무언가를 배우고 싶은 충동을 강하게 느꼈다. 열등감에서 오는 갈증이었다. 그래서 더욱 시간을 쪼개서 쓰기로 결심했다. 야근하고 돌아오는 날, 도서관에 가는 대신 주산학원을 다니기로 한 것이다. 내가 학원을 가는 시간은 초등학교 저학년들이 학교를 마치고 오는 시간이라 함께 수업을 받아야 했다. 선생님은 우려 섞인 눈빛으로 괜찮겠냐고 몇 번을 물었지만 나는 흔쾌히 같은 반에서 배워도 괜찮다고 대답했다. 그렇게 주산학원과 컴퓨터학원, 피아노학원을 다니며 배움에 대한 갈증을 채웠다. 이제와 생각하면 그 시간을 어떻게 견뎌 냈는지 아찔하기만 하다.

내가 소녀였던 시절, 고향의 도서관에서 읽었던 책에서 헬렌 켈러는 이런 말을 했다.

"쉽고 편한 환경에선 강한 인간이 만들어지지 않는다. 시련과 고통의 경험을 통해서만 강한 영혼이 탄생하고, 통찰력이 생기고 일에 대한 영감이 떠오르며, 마침내 성공할 수 있다."

나는 그 구절을 되새기며 집으로 돌아올 때까지 눈물을 흘렸다. 노을이 깊어가는 저녁하늘을 바라보면서 말이다. 그 말이 나의 삶에 꼭 맞는 말 같아서였다. 그래서인지 나는 그때부터 내가 감당하기 힘든 시련조차도 누구의 탓을 하거나 도망치려 하지 않았다. 미련스러울 정도로 그 시간을 참고 견디며 끝까지 결과를 내려고 노력했다. 내 노력이 헛될 거라 생각하지 않았기 때문이다. 물론 나 역시 고단하고 힘든 상황에서 울고 싶었던 적이 한두 번이 아니었다. 그럴 때면 내가 좋아하는 책을 읽고 또 읽으며 행복한 생각을 했고, 스스로를 동기부여하며 또 한 번 달릴 수 있는 힘을 키웠다.

그 덕분에 남편의 사업이 망했을 때조차도 그 자리에 주저앉아 울 수 없었다. 생떼 같은 자식들을 위해서라도 무엇이라도 해야 했고, 백화점 관계자에게 부탁하며 한 달짜리 단기 아르바이트 기회라도 얻기 위해 노력했다. 까마득하게 어린 직원들에게 무시당하며 어두운 매장에서 혼자 청소하며 뒷정리를 감당해야 했지만 그래도 나는 작은 일도 허투루 하지 않았다. 절실함, 그것이 나를 여기까지 올 수 있게 한 원동력이었다.

불 꺼진 매장에서
미래를 그리는 '생각놀이'

> 행하는 가장 좋은 방법은
> 그렇게 되는 것이다.
> – 노자

어릴 적부터 수없이 많은 아픔과 고난을 밑천 삼아 살다 보니 어느새 내겐 어떤 장벽이 다가와도 두려워하지 않는 용기와 맨바닥에도 부딪힐 수 있는 열정이 남아 있었다. 그러니 내게 주어진 기회를 잡기 위해서는 남들보다 두 배, 세 배 더 노력할 수밖에 없었다. 그래서 매일 직원들보다 한 시간씩 일찍 출근하고, 한 시간 늦게 퇴근하기로 결심했던 것이다.

내가 '아침형 인간'이라서가 아니라 그렇게 해야 살아남을 수 있을 것이란 판단 때문이었다. 옛 선인의 말씀에 "불 속에 갇힌 자에게 가장 중요한 것은 불길을 얼마나 잘 뚫고 걸어 나가느냐가 관건"이란 말을 들은 기억이 있다.

나는 누구보다 먼저 출근해서 불을 켜기 전, 텅 빈 백화점 매장 앞에서 잠시 생각을 정리하곤 했다. 어두운 매장 앞에 서서 5분 정도 기도하는 마음으로 눈을 감고 오늘 하루를 어떻게 보낼지 머릿속으로 그려 본 후 매장 스위치를 올렸다.

처음에 나는 매일 아침 혼자만의 주문을 외웠다. '나는 할 수 있다'는 단순한 메시지를 마음속으로 수십 번씩 되새겼다. 판매에 대한 두려움을 극복하기 위한 나만의 주문이었다. 그러기를 몇 달을 하다 보니 목표가 명확해지면서 무엇이든 할 수 있다는 자신감이 생겼다. 그때부터 아침마다 나만의 생각을 머릿속으로 되뇌며 주문을 외우는 것을 놀이로 즐겼는데, 그것이 지금은 '생각놀이'로 발전했다. 지금까지도 '생각놀이'는 나의 즐거운 꿈을 그리는 하나의 놀이가 되었다.

작은 조명등의 빛이 자아내는 분위기가 차분하게 매장을 바라보며 생각할 수 있게 만들었다. 누가 시켜서 하는 것이 아니라 다른 직원들이 오기 전, 오직 나만의 시간을 가지며 하나의 의식처럼 하루 동안 내가 해야 할 일과 미래의 나의 모습을 그려 보는 것이었다. 멀지 않은 미래에 매니저가 되는 그림을 그리는 것만으로도 묘한 흥분감이 나를 압도했다. 최고 연봉을 받으며 업계에서 인정받는 것으로도 모자라 우수 매니저로 선정되어 다른 사람들 앞에서 사례를 발표하는 성공한 모습을 떠올릴 때면 온몸이 부르르 떨리기도 했다.

전면에 진열된 마네킹부터 쭉 살펴보며 나는 또 한 번 스스로에게 약속을 했다. '오늘 저 옷 한 벌은 꼭 팔아야지.' 하며 혼자 생각해 보는 것이다. 그런데 신기하게도 그 옷이 내 주문에 반응하듯 팔리기도 했다. 정말 신기하지 않은가! 내가 한 일이라고는 마네킹에 걸린 옷에 나의 에너지를 무의식중에 불어넣은 것뿐인데 말이다. 물론 그 상품을 판매하기 위해 매장에 방문한 손님들에게 상품을 적극 권하기도 하지만, 집념을 가지고 집중적으로 생각하고 실행한 덕분에 나와의 약속이 조금 더 쉽게 이루어진 건 아닌가 싶다.

나는 오늘도 혼자 웃으며 생각한 대로 이루어질 것을 믿어 본다. 구본형의 저서 《익숙한 것과의 결별》에 이런 글이 있다.

"1인 기업의 경영인 역시 어떤 일을 하든 확고한 신념과 비전을 가져야 한다. 당신은 욕망에 따라 무슨 일이든지 할 수 있다. 그러나 당신은 신념에 위배되는 일을 서슴없이 포기해야 한다. 신념이란 스스로에게 한 약속이며 그것을 지킬 것이라는 믿음이다."

나는 늘 스스로에게 한 약속을 지키기 위해 믿고 또 실천했다. 수많은 실패를 밑거름으로 삼아 몇 번이고 궤도를 수정하며 내 것으로 만들어 온 것이다.

고객의 질타는 내 성장의 원동력

정장 브랜드에서 근무할 때의 일이다. 그동안 캐주얼 브랜드에서 일해 온 터라 남성 정장에 대해 아는 것이 없으면 무조건 기본에 충실해야 한다고 생각했다. 기본적인 출근시간에 지각하지 않기, 깨끗한 환경 만들기, 사이즈 파악해서 외우고 있기, 고객이 매장에 들어왔을 때 바로 접객할 수 있도록 준비 자세로 대기하고 있기 등이 나의 기본원칙이었다.

사실 이러한 나의 기본원칙은 저절로 만들어진 것이 아니었다. 책을 좋아하는 나는 백화점 근무를 시작하면서부터 '세일즈', '비즈니스', '마케팅'에 관한 책을 많이 찾아서 읽었다. 그리고 '경제', '경영', '리더십', '화술'에 관한 책도 틈나는 대로 읽었다. 나의 기본원칙은 그런 책들을 읽는 과정에서 나에게 필요한 것만 추려서 행동에 옮긴 엑기스 같은 것이었다.

백화점 경력이 없는 나는 무조건 닥치는 대로 일을 만들어서 하며 몸을 가만히 두지 않았다. 보이지 않는 구석구석 먼지를 털고 바닥도 수시로 닦고, 옷 사이즈가 골고루 있는지 확인하며 재고가 없으면 창고에서 미리미리 가져다 놓았다. 그러다 할 일이 없으면 '생각놀이'를 하며 '마네킹에 입힌 저 옷들 중에서 오늘 한 벌은 꼭 팔아야겠다'고 다짐하곤 했다. 매장에 방문한 고객들에게 몇 번 판매를 시도하다가 실패하면 다시 진열을 바꿔 보기도 했고, 또 다른 옷으로 고객들에게 다가가기도 했다.

어느 날 매장에 부부 고객이 방문했다. 정장을 구매하는 손님들 대부분은 부부가 함께 오는 경우가 많다. 남성 고객은 옷을 입어 보기만 하고 모든 판단은 거의 아내인 여성 고객이 결정하는 식이었다. 방문한 남성 손님께 어울리는 정장을 한 시간 정도 입혀 보고 그에 맞는 설명을 했다. 목이 마를 것 같아 두 손님께 커피까지 타다 드리고 이야기도 들어 드리며, 정성을 다했는데 어쩐지 석연찮은 표정을 지으면서 "다른 매장도 다녀 보고 올게요." 하고 말씀하시는 게 아닌가.

일단 그렇게 하시라고 말씀은 드렸지만 왠지 마음이 편하질 않았다. 분명 이분은 여기 아니라도 다른 매장에서 정장을 구입하실 거란 확신이 들었다. 순간 이 손님을 절대 놓쳐서는 안 된다는 생각이 들었다. 한 시간 동안 대화를 나누며 진심을 다해 성심성의껏 노력을 했기 때문이다. 만약 고객이 그렇게 느끼지 못했다면 나의 성의가 부족했을 수도 있었다. 그럼에도 난 우리 매장의 정장이 남성 손님께 너무 잘 어울린다는 확신이 있었다. 안 사셔도 좋지만 어떤 점이 마음에 안 들었는지 궁금하기 시작했다.

"고객님, 안 사셔도 괜찮아요. 그런데 딱 한 번만 다시 입어 보시면 어때요? 그래야 후회가 없어요."

나는 용기를 내어서 매장을 나가는 여성 고객의 팔짱을 끼며 설득했다. 내 말에 마지못해 따라 들어온 고객에게 나는 또 한 시간을 정성을 다해서 설명을 했다. 결국 부부 손님은 우리 매장에서 옷을 구입했고, 매장을 나서며 "이런 정성에 물건을 안 살 수가 없다"며 칭찬을 아끼지 않았다. 나가는 고객에게 팔짱을 끼는 직원은 처음 본 것 같다면서 말이다.

내가 그때 절실히 느낀 것은 '진심은 통한다'와 손님이 매장 밖을 나서는 순간, 우리 매장이 아닌 다른 매장에서 옷을 구매할 가능성이 더 높아진다는 것이다. 한 번 놓친 고객이 매장으로 돌아와 구매하는 경우는 드물기 때문이다.

그러므로 손님을 보내지 않고 내가 근무하는 매장에서 구매까지 이루어지도록 만드는 것이 무엇보다 중요했다. 그럴 때 가장 중요한 것이 물건을 판매하는 나의 진정성이었다. 이것이 통하면 고객의 만족과 매출이 동시에 일어나는 것은 당연했다. 이런 경우 물건 하나를 팔더라도 보람과 기쁨이 나를 물밀 듯이 밀려와 더 잘하고 싶다는 생각이 들게 만들었다. 이런 하루하루가 쌓여 스스로 조금씩 성장하는 모습에 취할 것 같았다. 그럴 때면 '나는 할 수 있다'는 메시지를 뼈 속까지 새기곤 했다.

물론 이런 판매방식이 늘 통했던 것은 아니었다. 지나친 판매욕심에 고객의 눈살을 찌푸린 날도 있었다.

"아가씨, 물건 하나 팔려고 노력하는 건 좋은데, 좀 적당히 하시지."

남성 고객의 말을 듣고 얼굴이 빨개지고 정신이 아득해져 어딘가에 숨고 싶기도 했다. 딴에는 정성을 다하려고 했던 것인데 이런 나의 행동이 어떤 고객에게는 부담으로 다가갈 수도 있다는 걸 그때 깨달았다. 부담스러워하는 고객에겐 한 걸음 떨어져 지켜보고, 도움을 요청하는 고객에게는 성심성의껏 판매를 유도하는 것이 현명한 판매방식이었던 것이다. 그렇게 고객의 달고 쓴 질타가 내가 성장하는 원동력이 되었다. 무조건 성심성의껏 열정을 다하면 되는 줄 알았는데 그것이 다가 아니라는 것을 체험을 통해 깨달은 것이다.

그때부터 나는 고객의 마음을 읽는 연습을 시도했다. 심리학책도 사서 읽고 세일즈 기법에 대한 책도 다시 되새기며 읽었다. 덕분에 '고객에게 물건을 파는 것이 아니라 고객이 원하는 것이 무엇인지를 먼저 알아야 된다'는 가장 단순한 이치를 깨닫게 되었다.

그 후 나는 먼저 고객의 니즈를 먼저 파악하고 그것에 맞는 상품을 권유하게 되었다. 그렇게 점점 고객에게 다가가는 방법을 터득하면서 고객에게 감동을 주기 위해 어떻게 해야 할지를 한 번 더 생각했고, 그들과 함께 소통하기 위해 노력했다. 그러한 노력은 시간이 지나면서 나에게 경험치를 쌓을 수 있도록 도와주었고, 연륜이란 게 무엇인가를 가르쳐 주었다.

그래서 나는 지금도 하루 일과가 끝나면 오늘 하루가 어떻게 지나갔는지 잠시 생각해 본다.

'고객에게 무례한 일은 없었던가?'

'조금만 더 신경을 썼더라면 좋았을 텐데.'

'그래도 오늘 고객에게 감동을 주었던 일도 있었지.'

'계산 실수를 하기도 했지만 내일은 정신 차리고 더 잘해야지.'

특히 '함께한 동료들에게 짜증을 내고 서로 불편한 건 없었는지'도 생각해 보곤 한다. 이렇게 하루가 어떻게 지나갔는지도 모르게 바쁜 시간, 하루를 되돌아보며 잘한 것과 잘못한 것을 상기해 보면서 나는 매일 조금씩 성장하고 있는 것을 느낄 수 있었다.

'내일은 또 어떤 신나는 일이 생길까?'

남성 정장 코너에
여성 매니저?

> 자신의 내부에 존재하는 중심을
> 발판으로 삼아 살아간다면
> 주변 사람들의 기대와 욕구에
> 주도권을 빼앗기는 일은 없을 것이다.
> ―에리히 프롬

 캐주얼 브랜드에서 주부사원으로 근무하다가 꿈에도 그리던 한 매장의 매니저가 되었을 때 나는 세상을 다 얻은 것처럼 기뻤다. 그래서 나는 더욱 열심히 일했다. 그 결과 매니저가 된 첫 해에 나는 전년 대비 신장률을 200퍼센트까지 올리며 백화점 업계의 뉴스메이커가 되기도 했다.
 나는 지금도 인수인계 받던 날 매장 직원들의 얼굴 표정을 잊지 못한다. 그들의 얼굴에는 절망의 빛이 가득했다. 나를 무슨 점령군의 사령관처럼 여기는 것 같았다. 당연했다. 제대로 된 경력도 없던 일개 주부사원이 스카우트 제의를 받아 매니저가 됐다고 하니 근무하던 직원들도 기함할 만한 일이었을 것이다. 나 역시 믿을 수 없었으니 말이다. 그렇지만 나는 기선 제압을 하기보다 다른 방법을 택했다.

나는 실재고 조사가 끝나고 난 뒤 매장 직원들과 개인면담을 했다. 그리고 자존심을 굽히고 제일 오래 근무한 직원의 두 손을 잡으며 말했다.

"나 좀 도와줘. 모두 당황스러운 거 알아. 그렇지만 나는 어느 매장보다 즐거운 매장을 만들 자신이 있어. 나를 한번 믿어 봐."

전현미식 진정성이었다. 물건을 팔 때 고객에게 진심으로 다가가듯 매장 직원들에게도 진심을 다해 접근하기로 했다. 내가 진심으로 다가가면 내칠 사람은 없다는 걸 이전 캐주얼 브랜드 매장에서도 경험한 터였다. 그러자 직원들의 입에서 하나둘 내가 원하던 대답이 튀어나왔다.

"전에 매니저님은 출근도 늦게 하고 휴게실 가시면 한두 시간은 기본이어서 진짜 같이 일하기 싫었어요."

기존 매니저가 성실하지 않아서 같이 일하기 싫었다고 솔직한 고백을 해 준 것이다. 다행히 나는 평소에도 점심시간 30분 이외에는 매장을 비우지 않았다. 휴게실에 가서 쉬어야겠다는 생각은 해 본 적도 없었고, 앞으로도 그럴 생각이 없었다. 오히려 새로운 매장에 적응하고, 디테일한 것들을 알아가기에도 시간이 부족했다. 지금 내가 생각해야 할 것은 새로운 매니저로서 큰 폭의 매출을 보여 주는 것이었다.

나는 이 매장의 매출이 왜 저조했는지 이유를 파악하기 위해 노력했다. 일단 이전 매니저는 직원들과 소통이 없었고, 소통하려 노력하지도 않았다. 그러니 팀 파워도 없을 수밖에 없었다. 같은 매장에서 근무하지만 각자 개인주의로 각자 매출을 올리는 데만 신경을 썼고, 그 결과 시너지가 나지 않아 판매는 늘 저조할 수밖에 없었다. 그러면서 스트레스 받는다는 이유로 몇 시간씩 자리를 비우고 매장은 내팽개쳐 둔 꼴이었다. 사장이 아닌 딱 직원 마인드로 일을 한 것이다.

결국 '사람이 곧 답이다'라는 판단이 생겼다. 그러자 이 직원들과 함께 매출을 만들어 낼 수 있다는 확신이 생겼다. 다섯 명의 직원들과 나는 타 브랜드보다 일찍 출근하기를 약속하고, 서로 행복한 매장을 만들기로 약속했다. 그것을 그대로 실천했으니 우리는 좋은 에너지를 발판 삼아 잘될 수밖에 없었다.

그런데 호사다마라고 했던가. 몇 달에 걸쳐 계속 신장세를 이어가던 중 뜻하지 않은 불행이 덮쳐 왔다. 당시 남편이 사업의 실패로 재정 파산 상태가 되어 내 이름으로 통장도 쓸 수 없는 상황이 되어 버렸다. 남편의 이름으로도 모자라 내 이름으로 은행 빚을 낸 탓이었다. 은행에서 차압이 들어오고, 통장의 돈도 출금할 수 없도록 출금 정지를 시켰다. 그러니 급여를 받을 수가 없는 상황이 된 것이다. 본인 명의의 통장으로만 급여가 지급되는 탓에 더 이상 일을 할 수 없게 되었다.

급여를 정상적으로 받을 수 있는 방법을 찾아보기 위해 백방으로 노력해 보고, 내 명의의 통장이 아닌 가족이나 동생들의 명의로 급여를 받을 수 있을지 문의해 보았지만 브랜드 본사에서는 난색을 표하며 절대 그럴 수 없다고 했다. 대기업이기 때문에 차명으로 급여를 받을 경우 큰 문제가 생길 수 있다는 이유에서였다. 본사에서 운영하는 백화점 직영매장의 경우는 본사에서 본인 통장으로만 급여를 받도록 되어 있어서 다른 편법은 절대 용납되지 않았다. 본사에서 모든 직원 및 직영매장 직원들의 월급을 관리하고 있기 때문이었다. 오히려 통장 때문에 제대로 급여를 받을 수 없다는 사실에 본사에서는 나를 신용에 문제가 있는 이상한 사람으로 생각하기도 했다.

상황이 이렇게 되자 지금껏 그렇게 원하던 매니저를 그만두고 일반 매장의 직원으로 들어가야 하는 일이 발생했다. 백화점 직영매장이 아닌 일반매장은 본사가 개인 사업주에게 브랜드 매장을 관리할 수 있는 권한을 주는 것이므로, 매장의 대표를 통해 차명통장으로 월급을 입금 받을 수 있는 탓이었다. 차명계좌를 통해 월급을 받는다는 것이 문제라는 것은 알고 있었지만, 눈속임을 하기 위한 수단이 아닌 생계를 위해 사용하는 것이었기 때문에 그 당시엔 그렇게라도 월급을 받아 가족들을 먹여 살려야 했다.

세상에 대한 원망도 할 수가 없었다. 남편의 사업을 위해 대출을 받고 보증을 서 준 탓에 문제가 생긴 것이니 누구의 탓도 아닌 내 탓이었다. 그저 하늘이 무너지고 발밑이 꺼져 아득한 나락으로 떨어지는 기분이었다.

하지만 사람이 그저 죽으란 법은 없는 모양이었다. 마지막 근무 날, 인수인계를 하던 중 한 통의 전화를 받았다. 이전 브랜드 매장에서 근무할 때 알고 지내던 사장님의 전화였다.

"전 매니저, 우리 매장에 소장 한 명 소개해 주겠어?"

순간 이 기회를 놓치면 안 된다는 생각이 들었다. 나는 조심스럽게 사장님께 말씀드렸다.

"사장님, 저 쓰세요."

"농담 하지 말고 사람 한 명 소개해 주시게."

"농담 아니에요, 저 오늘 여기 그만두거든요."

이 브랜드의 경우 개인사업자로 등록된 중간 관리매장이었다. 당시 시누이 통장으로 급여를 받기로 하고 입사를 결정했다.

속이 상했지만 이것도 하늘이 주신 기회란 생각이 들었다. 이렇게 해서 이전에 근무한 백화점의 신사복 매장에서 새롭게 일을 하게 되었다. 지금껏 캐주얼 브랜드에서만 일해 왔던 터라 걱정이 되기도 했지만, 결혼 후에 잠깐 신사복 대리점에서 아르바이트한 경험도 있었고, 캐주얼 브랜드와 차이는 있겠지만 옷을 판매한다는 점에서는 공통점이 있기에 잘할 자신이 있었다.

남성 정장 코너에서 근무하는 일은 생각보다 쉽지 않았다. 옷을 판매한다는 점은 캐주얼 브랜드와 같았지만 남성 정장은 일반 브랜드와 차이가 컸다. 이전 캐주얼 브랜드는 손님들이 무엇을 구매할지 미리 생각하고 와서 사이즈만 비교한 후에 곧바로 포장해서 간다는 점이 가장 편했는데, 남성 정장의 경우는 하나하나 입어 보고 비교해 본 후에 구매로 이어진다는 점이 가장 큰 차이점이었다.

　게다가 캐주얼 브랜드는 사이즈가 서너 가지 정도로, 그 자리에서 맞는 옷을 입어 보거나 사이즈를 알고 있다면 바로 판매하면 그만이었던 것에 반해, 신사복 정장은 사이즈가 열 가지 이상 나와 꼭 손님이 입어 보아야 했다. 다시 말해, 캐주얼은 배가 나오든, 키가 크든 작든 내가 평소 입던 사이즈를 입으면 되지만, 정장은 어깨 길이, 품 사이즈, 허리 사이즈 모두를 정확하게 파악해서 소매 기장과 바지 기장까지 완벽하게 수선해야 비로소 판매가 이루어지는 곳이었다.

　그래서 캐주얼 브랜드와 달리 수선된 정장을 다시 한 번 입어 보고 구매를 결정하기까지 한시도 마음을 놓을 수 없었다. 게다가 남성 정장 브랜드마다 디자인이 대동소이하여 판매사원의 친절함이 구매로 이어지는 데 결정적인 역할을 했다. 더구나 정장 한 벌 가격이 캐주얼 브랜드 몇 벌의 값을 상회하는 터라 고객 한 명을 놓칠 경우 매출의 차이가 무척 컸다.

　신사복 대리점에서 아르바이트한 경험이 있다는 처음의 자신감과 달리 일을 할수록 나는 점점 작아졌다. 특히 정장 수선이 어려웠는데, 정장 수선은 정장을 판매할 때 가장 중요한 요소이다. 한 올, 한 올, 한 땀, 한 땀, 눈금 하나만 틀려도 고객이 입었을 때 소매 길이나 바지 길이가 달라 보여 직원은 신중하게 수선을 잡아야 했다. 지방의 신사복 대리점에서는 심부름 정도만 한 것이어서 제대로 수선 잡는 법을 배우지는 못했기에 막내 사원에게 배워 가며 수선 잡는 법을 익혔다.

그럼에도 계속해서 실수를 해 자신감이 떨어져 가는 상태였다. 양쪽 소매를 수선할 때 바빠서 한쪽만 줄자로 재어 같은 길이로 수선을 요청했다가 막상 고객이 입었을 때 짝짝이 되어 재수선해야 하는 경우도 있었다. 사람들의 양팔 길이가 다르다는 것을 생각을 못했던 탓이었다. 이렇듯 판매는 누구보다 열정적으로 잘했으나 마지막 마무리 단계에서 꼭 누군가에게 부탁을 해야만 하니 함께 일하는 직원들도 반기는 눈치는 아니었다. 매출은 내가 올리고 뒷마무리를 남에게 미루는 꼴 같았기 때문이었다. 그나마 당시 막내 직원이 싫은 내색 않고 도와주어 큰 버팀목이 되었다.

일이 조금씩 익숙해지면서 나는 말 그대로 죽어라 일만 했다. 나를 믿고 이곳에서 일할 수 있게 해 준 사람들에게 그들의 선택이 틀리지 않았다는 것을 눈으로 보여 주고 싶었다. 처음 입사 후 3개월은 휴무도 없이 일했고, 1년간 휴가도 반납하고 일에만 몰두했다. 아파도 티내지 않고 일한 탓에 폐렴으로 번져 일주일간 병원 신세를 진 적도 있었다. 아파서 입원한 주제에 매장 매출이 떨어질까 전전긍긍하여 제대로 쉬지 못할 만큼 나는 스스로를 괴롭혔다. 죽으면 썩어 없어질 몸

똥이 아끼면 뭐 하냐는 생각에서였다. 지금 와서 생각하면 나는 정말 나를 사랑할 줄을 몰랐던 것 같다. 그래도 많은 사람들이 인정해 주고, 가족을 위해서라면 일을 해야 했기에 퇴원 후에 미친 듯이 더 일을 했다.

사실 백화점에서 남성 정장 코너를 보는 눈은 조금 남다르다. 한 집안의 종가를 보듯 타 브랜드 의류 매장에서도 경외의 눈으로 보곤 한다. 매출 규모가 워낙 크고 남성 매니저들로만 구성이 되어 있기 때문에 아무나 할 수 없다고 생각하는 탓이었다. 그렇기 때문에 여성은 남성 정장 매니저가 되기 적합하지 않다고 생각하는 관계자들이 많았다. 충분히 이해할 수 있었다. 그래서 나는 실망시키지 않기 위해 더욱 노력해야 했다. 내가 잘하는 수밖에 없었다. 더욱 성실하고 더욱 친절한 모습을 보여 주며 매출로 결과를 보여 주어야 했다.

"전 소장 못 믿으면 누굴 믿어!"

위에서 언급했듯이 당시 신사복 매장은 전부 남자 매니저로 이루어져 있었다. 그동안 신사복 매장은 여자들이 감히 끼어들지 못하는 남자들의 성역이었다. 하지만 나를 남성 정장에서 일할 수 있게 도와주신 사장님은 근무 태도와 여자들만의 감성으로 승부할 수 있다고 생각하는 분이었다.

그는 당시 매장의 차별화를 '여자'로 두신 분이기도 하다. 면접을 볼 때도 사장님이 여자 소장을 고집하는 것을 보고 백화점에서는 도통 이해하기 힘들어하는 것 같았다. 사실 그럴 수밖에 없는 분위기였다. 당시 전 매장에 남자 소장이 근무하는데 나 혼자만 여자니 말이다. 그때 나는 미소로 대답하였다. 친절하게 잘해 보겠다고 말이다. 그야말로 남자들로 가득한 정글 속에 나 혼자 내던져진 기분이었지만 씩씩하고 열정이 넘치는 나는 어떠한 일이 있어도 이 정글 같은 곳에서 살아남겠다고 다짐했다.

첫 출근 후 업무를 보고 있는데 타 브랜드 사장님께서 내 어깨를 툭 치며 말했다.

"전 소장, 담배 한 대 피러 가지."

시골에서 자란데다 담배는 남자들만 피우는 것이라는 생각을 가지고 있던 나는 적잖이 당황스러웠다. 그렇지만 내색하지 않고 "저 담배 끊었어요, 사장님." 하며 웃을 수밖에 없었다.

그 뒤에 알게 된 사실이지만, 판매사원들이 일에 대한 스트레스를 술과 담배로 해소한다는 것을 알 수 있었다. 고객의 비위를 맞추고 개인 매출 시스템으로 매출 부담을 매장 직원들 개개인이 져야 하니 스트레스를 받을 수밖에 없었다. 창고를 자주 오가야 하는 직원조차도 당연히 고객을 응대할 시간이 줄어들 수밖에 없지만 평가는 철저히 개인 매출로만 해야 했다. 그러니 하루 종일 스트레스에 시달려 퇴근 후 술과 담배가 유일한 위안인 양 하루하루를 보내는 것이 대부분이었다.

나는 그때 다짐했다. 아무리 힘들어도 담배나 술로 위로받지 않기로. 대신 나는 어릴 때 습관처럼 책으로 스트레스를 풀기로 했다. 그때 당시 백화점 지하에 대형서점이 있었던 것은 나에게 엄청난 행운이었다.

나는 어떠한 것에도 흔들리지 않고 일에만 매달려서 달려 보기로 결심했다. 남들에게 보여 줄 수 있는 것은 결국 결과물인 매출로 승부를 걸어야 했다. 암암리에 남자들끼리 모여 술 접대를 하는 문화가 소름이 끼칠 정도로 싫었지만 나는 다른 방식으로 살아남기로 결심했다. 술 접대 없이도 충분히 해낼 수 있다는 걸 보여 주고 싶었다. 또한 신사복의 여성 매니저라는 것이 큰 이슈거리였기에 행동거지 하나도 신중하게 하려 노력했다. '여자니까 저렇지.' 하는 말이 죽기보다 싫었기 때문이다.

그때부터 내가 잘할 수 있는 일이 무엇일까 고민하기 시작했다. 다행히 결심하면 곧바로 실천하는 성격이라 길게 고민도 하지 않고 행동으로 보여 주었다. 일단 매장 환경부터 바꿔 보기로 했다. 구석구석 청소부터 시작했다. 상품은 제대로 구성되어 있는지 기본적인 것부터 차근차근 정리하다 보니 오기가 생겼다. 매장 내에서 근무하는 직원 누구보다 재고 위치 파악과 수량 파악을 확실하게 하니 직원들도 인정해 주기 시작했다. 그것만으로도 자신감이 생겼다.

그리고 나는 근무 태도에 '전현미=성실'이란 글자가 박히도록 확실히 했다. 남성 정장 매니저 중 일부는 간밤에 술을 많이 마셔서인지 아침 출근이 늦는 편이였다. 그래서 나는 출근부터 1등으로 해 보자고 결심했다. 그 후부터 백화점에서 항상 1등으로 출근했다. 당시 사무실에서 출근시간을 체크했는데, 어느 순간 나만 출근시간 체크에서 제외시켜 주기도 했다. 몇 년 동안 매일같이 일찍 출근하고 늦게 퇴근했더니 직원들 사이에서 "전현미 소장, 이혼녀라서 집에 가도 할 일이 없어서 일만 한다"는 웃지 못할 소문이 돌기도 했다.

그렇다고 해서 늘 나만 잘났다고 고고하게 일만 할 수는 없었다. 남성 정장 판매업무가 남자들을 상대하는 것이었기 때문에 남성들의 문화에 좀 더 친근하게 다가가기 위해 노력했다. 퇴근 후 남자 직원들과 함께 당구를 치러 가는 등의 노력으로 남성 고객들이 오면 대화를 유도하기도 했다. 남자들이 좋아하는 물건은 무엇인지?, 어떤 대화를 좋아하는지? 작은 것부터 큰 것까지 모두 관심을 가졌다. 그러다 보니 어렵게만 생각했던 직원들과의 벽도 조금씩 허물어졌고, 남성 고객들과의 대화도 한결 수월해졌다. 경험해 보지 않고 무조건 배척하려 했다면 느끼지 못할 귀한 경험이었다.

그렇게 일하던 어느 날, 남성 매니저들과 같은 위치에서 인정받고 있음을 깨달았을 때 엄청난 희열을 느꼈던 것은 어쩌면 당연한 일이었다. 그만큼 더 큰 자신감이 붙었다.

독일 속담 중에 "진리는 짧게 답한다. 그러나 허위는 길게 변론한다"는 말이 있다. 남성들이 가득한 정글 속을 거쳐 온 내게 큰 깨달음을 준 말이었다. 나 역시 그 당시 무척 힘든 시간을 보냈다. 여성 매니저이기 때문에 받은 차별도 있었다. 재고 수량 확보 등의 문제에서 묘하게 밀리는 듯한 느낌을 받기도 했고, 몸을 팔아서 이 바닥에서 살아남는다는 치욕스런 소문도 있었지만 난 그럴수록 굴하지 않았다.

여성이 드문 시장에서 홍일점으로 살아남는다는 것이 쉬운 일은 아니었다. 나는 그럴수록 쉽게 가지 않고 더 당당하게 행동했다. 그 덕분에 지난날을 부끄럽게 만들지 않은 내가 정말 자랑스럽다.

당당한 나로
산다는 건

> 산다는 것은 날마다 쾌유하고
> 새로워지는 것인 동시에
> 다시 한 번 자신을
> 발견하고 되찾는 일이다.
> —H.아미엘

2012년, 백화점 판매사원이 된 뒤 10년쯤 지난 무렵, 지독한 우울감에 빠진 적이 있었다.

가족의 생계를 책임진 사람의 어깨는 무겁다. 파산 이후 남편은 이상하게도 하는 일마다 풀리지 않았다. 신혼 초에는 총명한 남자였는데 하는 일마다 장벽을 만나 무릎을 꿇더니 의기소침해지고 패기를 잃어 갔다.

그렇다고 사람을 잘 믿고 오지랖이 넓은 남편을 원망만 하고 있을 수는 없었다. 남편의 귀가 얇고 사업 머리가 없는데다 융통성도 없다는 것을 탓해서 무엇할까 싶었다. 나는 현실에 만족하지 못하고 밖으로 떠도는 남편을 안으로 끌어들였다.

"전업주부만 있는 줄 알아요? 전업남편도 있다는데 당신이 아이들 좀 키워요."

우리나라의 경제 제도는 한 번 파산한 경험이 있는 사람이 다시 재기하는데 무척이나 까다롭다. 한마디로 패자부활전이 없다. 나는 남편의 재기를 기다렸으나 온갖 규제가 그의 발목을 잡았다. 그렇다고 이렇다 할 기술이 있는 것도 아니어서 남편의 재기는 요원했다.

결국 나는 가족의 생계를 책임져야 했다. 아파서도 안 되고, 쓰러져도 괜찮은 척을 했다. 나는 일을 해서 가족을 먹여 살려야 했다. 나는 밤낮으로 일에 빠져 살면서 이따금 '내 인생은 뭘까?' 하는 생각을 했다. 주말도 없이 일하는데다 특히 늦은 퇴근길에는 더 회의감이 들었다. 돌이켜 보면 나는 오로지 가족을 돌보기 위해서 앞만 보고 달려온 탓에 어느새 나라는 사람은 내 인생에서 지워져 있었던 것이다.

예전에도 지금도 나는 한 남자의 아내이자 두 아이의 엄마일 뿐이다. 전현미는 없었다. 그것이 다였다. '진정한 나는 어디에 있는 걸까?' 하는 의문이 들 때마다 슬픔과 우울함, 외로움, 그리고 고통이 찾아왔다. 그것은 전에 같으면 정말 나답지 않은 일이었다.

'나를 위한 삶?'

이 생각을 할 때마다 나는 나로 산 적이 없다는 걸 깨달았다. 아무리 일류 백화점 매니저로 일하고 있어도 거기에 나는 없었다. 너무 열심히 살아온 탓에 번아웃증후군burn out syndrome이 찾아온 건 아닐까 걱정이 되기도 했다. 지난날을 돌이켜 보면 그냥 닥치는 대로 최선을 다했을 뿐 구체적으로 나를 돌보며 살 생각은 하지 못했던 것이다. 그냥 앞만 보고 달려와 보니 '칭찬병'에 걸려서 나는 무엇이든 잘하는 사람이라는, 결핍에서 오는 인정을 받고 싶어 하는 사람인 것을 깨달았다.

나는 가까운 지인에게 내 속마음을 털어 놓았다. 그랬더니 이런 대답이 돌아왔다.

"현미야, 남자들이 중심이 된 신사복 매장에서 너처럼 꿋꿋하게 버텨온 여자가 어디 있어. 그동안 너무 힘들어서 그럴 거야. 힘내. 너는 어떤 여자보다도 잘 살고 있는 거니까."

그녀의 말은 내게 커다란 용기를 주었다. 그러다가 나는 전혜린 저서 《그리고 아무 말도 하지 않았다》라는 책에서 다음과 같은 구절을 읽었다.

"열기 있게 생활하고, 많이 사랑하고, 아무튼 뜨겁게 사는 것, 그 외에는 방법이 없다. 산다는 일은 그렇게도 끔찍한 일 어려운 일이다. 그러나 그만큼 더 나는 생을 사랑한다. 집착한다."

이때부터였을까. 이 문구가 내게 주문처럼 다가왔다. 그래서 더 당당한 내가 되기를 노력했다. 최소한 나는 막연하게 살아오지는 않았다. 산다는 것이 뭐라고 해도 당당한 나로 사는 것이 인생의 최고 목표이라는 생각이 들었다. 잘 산다는 것은 어떤 난관이라도 돌파하면서 살려고 노력하는 사람의 생을 의미한다. 산다는 것은 좋은 일이다. 활기차게 사는 것은 더욱 좋다. 함께 힘차게 사는 것은 최고로 좋다.

또 한 번 유통의 신화에 도전장을 내다

그러던 중 2016년, 나에게 생각하지 못한 어려움이 닥쳐왔다. 근무하던 백화점에 면세점 입점이 확정되면서 일부 브랜드를 제외한 대부분의 아웃도어 브랜드 철수 확정이 난 것이었다. 단시간에 백화점을 증축할 수 없으므로 면세점 공간을 마련하기 위해 일부 브랜드를 퇴출시키기로 결정한 것이다. 내가 매니저로 있던 브랜드도 철수 브랜드에 포함되었다.

면세점이 입점이 확정되었다는 소식을 들은 순간 예상은 했지만 당장 쫓겨나야 하는 마음이 편치는 않았다. 그동안 나를 믿고 옷을 구매했던 고객들이 먼저 생각이 났다. 심지어 내가 브랜드를 옮길 때마다 함께해 준 고마운 분들이었다.

'그분들께 또 그만둔다고 어떻게 말을 해야 할까?'

변명거리를 찾고 있는 내 자신을 보는 순간 초라함이 느껴졌다. 인생에 변명하지 말자고 그렇게 다짐했던 내가 아니던가! 그런 내가 먹고사는 문제를 걱정하며 변명거리를 찾고 있다니! 그러자 그동안 쌓았던 고객과의 신뢰가 제일 먼저 걱정이 되기 시작했다.

'솔직해지자. 이젠 어디에 가서 일을 하더라도 오시라는 말씀은 드리지 말아야겠다.'

'이젠 시장에서 떠나야 하나?'

아무리 나를 다잡으려 해도 이런 부정적 생각까지 들었다. 하지만 나는 나의 실력을 믿기로 했다. 현재 브랜드가 백화점에서 퇴출된다면 다른 브랜드를 맡으면 될 터였다. 캐주얼 브랜드에서 그 어렵다는 남성 정장 브랜드로 옮긴 내가 아니던가.

때마침 근무하던 백화점에서 그동안의 신뢰를 바탕으로 나에게 또 다른 기회를 주었다. 새로 입점하는 아웃도어 브랜드 매니저로 일을 할 수 있게 연결해 준 것이었다. 중요한 건 '연봉이나 직책이 아니라 나를 믿고 일을 맡겨 준 백화점 측에 보답을 할 수 있을까?'였다. 당연히 많은 고민이 필요했다. 소개해 준다는 것은 나를 인정해 준 것이나 다름없었기 때문에 지금까지보다 더 잘해서 나의 능력을 보여 주고 싶었다. 다행히 나는 일 욕심이 많은데다 성실함을 무기로 지금까지 엄청난 성과를 보여 주지 않았던가! 나에게는 누구보다 잘하고 싶다는 욕망, 잘해 내고 싶다는 열망이 있었다.

이전 아웃도어 브랜드가 아닌 새로운 아웃도어 브랜드의 매니저를 맡으면서 고객을 유치하기 위한 다양한 노력이 필요했다. 매장을 옮기게 되어도 절대 기존 고객에게 연락하지 않으리라 다짐했지만, 몇 년째 함께하는 고객에게 아무 말도 하지 않는 건 왠지 미안한 일이기도 했고, 서로 도움을 주고받는 것이 기본이란 생각에 염치없지만 기존 고객들에게 기존 아웃도어 브랜드를 할 수 없게 된 계기와 타 아웃도어 브랜드 매니저를 새롭게 맡게 되었다는 연락을 드렸다.

그러자 아웃도어 신규 브랜드 오픈하는 날, 전국에서 20여 명의 고객들이 방문하여 축하해 주셨다. 걱정과 달리 전보다 더 잘될 거란 덕담과 함께 선물도 한아름 안겨 주셨다. 오히려 연락 안 해 주었으면 섭섭할 뻔했다는 고마운 인사도 잊지 않았다. '세상에는 내가 할 일과 네가 할 일과 하늘이 할 일'이 있다고 하는데 나는 결론이 안 나는 일을 나 혼자 생각하고 판단을 내린 것이다. 혼자 고민했던 브랜드 철수 등의 문제를 고객들은 중요하게 생각하지 않았다. 오히려 전현미라는 사람을 믿고 전현미가 좋아 함께하는 것이라고 말씀해 주셨다.

그 덕분에 나는 백화점과 본사에 나라는 사람의 가능성을 보여 줄 수 있는 기회를 많이 얻게 되었다. 그럼에도 처음 맞는 불황에 나의 두 다리는 휘청일 수밖에 없었다. 길어지는 공사 탓에 방문 고객도 현저히 줄어들었고, 브랜드 인지도에도 큰 타격을 입은 상태였다.

브랜드의 수입업체 변경으로 몇 달 전까지 해당 브랜드의 제품을 70프로로 대폭 할인하며 고별전을 했던 터라 찾아오는 고객마다 "왜 지금은 세일이 안 되요?"라고 묻는 분들이 과반수였다. 이전에 30퍼센트 가격으로 살 수 있었던 옷을 이제 제값을 줘야 한다고 생각하니 고객들 입장에서는 영 아까운 모양이었다. 옷값에 브랜드 이미지까지 포함되어 있는 것인데 잦은 고별전으로 인해 브랜드 이미지는 대폭 하락한 상태였다. 아무리 고정 고객이 많아도 이러한 문제는 혼자서 해결할 수 없는 일이었다.

게다가 면세점 확장으로 인해 같은 층 대부분의 브랜드 매장이 철수한 상태였고, 긴 공사로 인해 쇼핑할 분위기도 나지 않는 백화점을 찾아오는 손님들은 없었다. 결국 고객들은 자신들이 찾는 브랜드가 있는 타 백화점으로 이동할 수밖에 없는 상황이었다.

돌파구를 찾아야 했다. 그럼에도 근본적인 문제는 달라지지 않아 해답이 없었다. 어떻게 해야 할까? 고민만 하고 있을 때, 타 브랜드에서 근무하고 있는 과장님이 매장으로 찾아왔다. 이전 브랜드에서 근무할 때 인사하며 안면을 익힌 사이였다. 오랜만에 얼굴을 봐서 반가운 마음에 함께 식사를 하며 담소를 나누던 중 과장님께서 나에게 말씀하셨다.

"우리 함께 일 한번 하시죠?"

"네?"

"이제 세계 최고 브랜드에서 근무하셔야죠?"

그동안 나를 쭉 지켜봐 왔다며 이직을 제안한 것이다. 백화점 사정을 빤히 알고 있는 과장님은 혼자서 안 되는 일도 있다며, 아무리 해도 안 될 때는 브랜드를 옮겨 봐도 괜찮다고 위로를 해 주셨다. 그때 당시 매출도 저조한 상태라서 자존심이 바닥을 치고 있었던 터라 내심 위로가 되었다.

"전현미 매니저는 우리 브랜드에 꼭 필요한 사람입니다."

그 말에 나는 어떻게 해야 할까 고민했다. 그러나 버티는 것만이 능사가 아닌 상황임에는 확실했다. 게다가 나 혼자만의 문제가 아니었다. 함께 근무하는 직원들도 힘들어하고 있던 상황이라 현재의 고민을 함께 나누기로 했다.

"뭘 고민하세요. 무조건 가셔야죠."

"그래? 그럼 움직여 볼까?"

결국 우리는 그렇게 의기투합하며 내가 꿈꾸어 오던 S백화점 강남점 아웃도어 브랜드로 근무처를 옮기게 되었다. S백화점 강남점 매니저라는 이름에서 오는 부담도 있었지만, 매출 규모가 가장 큰 백화점에서 근무할 수 있다는 상황에 다시금 가슴이 두근거려 왔다.

그렇게 꺼져 가던 나의 열정에 다시 불을 지피기 시작했다. 1년 동안 매장을 철수하고 오픈하면서 조금은 혼란스럽기도 했지만 하나하나 정리되어 가니 마음도 홀가분해졌다. 가끔 이게 맞는 일인지 고민이 될 땐 '나는 잘될 수밖에 없는 사람이다'라는 말을 머릿속에 계속 주입시켰다. 힘들었지만 그렇게 바닥을 쳤던 자신감도 조금씩 회복해 갔다. 그리고 S백화점에서 새 마음 새 뜻으로 근무하며 나는 원래의 나로 천천히 되돌아 올 수 있었다.

  나를 믿고 따르는 직원들과 고객들, 사랑하는 나의 가족들 앞에서 잠깐이지만 축 처져 있던 나의 어깨를 다시 한 번 쫙 펴본다. 지난 힘든 시간을 떠올려 보면 기회는 언제든지 있다는 사실을 실감하기도 하고, 기회라는 것은 처음에는 하나의 위기에서 시작된다는 말처럼 위기와 함께 찾아온 행운에 나는 다시금 감사함을 느낀다. 무엇보다 머뭇거리지 않고 내 눈앞에 온 기회를 다시 잡았다는 사실에 나는 더욱 감사했다.

  누군가에게는 당연히 누릴 수 있던 것들은 나는 단 한 번도 쉽게 가져본 적이 없었다. 그토록 가고 싶었던 고등학교도, 직장도, 무엇 하나 쉬운 것이 없었다. 나는 남들과 달리 간절함 그 하나만 가슴에 품고 살아왔다. 그래서인지 고비마다 내게 찾아온 행운이 더욱 값지게 느껴진다. 비록 지치고 힘들 때도 있지만 나는 그럴 때마다 지난날의 나를 생각하며 더욱 잘될 거라 믿고 있다. 나에게 찾아온 행운이라면 어느 것 하나라도 놓치지 않을 거라 생각하며 말이다.

어떠한 최악의 상황에서도 희망을 버리지 말라

인생을 살다 보면 갈 곳을 잃어버리기도 하고, 어찌할 방법과 방향을 몰라 헤매기도 한다. 진퇴양난으로 고역을 겪기도 한다. 그러나 꼭 해 주고 싶은 말이 있다.

"아무리 최악의 상황이 닥쳐도 절대 희망의 빛을 잃어서는 안 된다."

빅토르 에밀 프랑클 Viktor Emil Frankl이 지은 《밤과 안개 Nuit et Brouillard》라는 책이 있다. 나치 강제수용소에서 기적적으로 살아남은 프랑클의 자서전적 작품으로, 강제수용소라는 최악의 상황에서도 희망을 버리지 않은 사람은 살아남았고, 희망의 끈을 놓아버린 사람은 끝내 생을 달리했다는 내용이다.

'아, 나는 이제 틀렸어……' 하고 포기하는 사람은 일찍 죽음을 맞이한다. 어떤 역경 속에서도 '뭐야! 내가 이 정도로 무너질까 봐!' 하고 이를 악무는 사람은 자기도 모르게 살아갈 힘과 용기가 솟구친다. 어려울 때일수록 희망을 갖자. 열심을 낼 의욕이 솟아나리라. 그리고 오래지 않아 고난을 벗어날 수 있으리라.

암 환자도 절망하지 않고 희망 속에 사는 사람일수록 수명이 길다는 이야기를 들은 적이 있다. '6개월 정도 남았습니다.' 하고 최후통첩을 받아도 희망을 버리지 않으면 1년, 2년 아니 의사도 놀랄 만큼 오래 살아있는 사람이 많다.

위스콘신 대학의 이저 코너 Ija Korner 박사도 희망이 넘칠수록 건강하고 여러 가지 질병에 대한 저항력도 강해진다고 보고한 바 있다. 우리 몸은 본인이 포기하지 않고 희망을 갖기만 하면 그렇게 쉽게 죽는 일은 없을 것 같다. 일도 마찬가지다. 아무리 힘든 일이 닥쳐도 본인이 포기만 하지 않으면 얼마든지 패자부활전을 치를 수 있는 것이다.

매사추세츠 대학의 찰스 만즈Charles C. Manz 교수가 지은 《슈퍼 리더십Super Leadership》이라는 책은 당시 미국 전체에서 가장 훌륭한 비즈니스서로 <스티벨 피보디 내셔널 북Stybel Peabody National Book>상을 수상하면서 일약 베스트셀러가 되었다. 하지만 이 원고가 30곳이 넘는 출판사에서 거절당했던 책이었다는 사실을 알고 있는가. 보통 그 정도 거절당했으면 포기할 만도 하지만, 만즈는 끝까지 포기하지 않았다. 그럴수록 더 끈질기게 출판사를 찾아다니며 원고를 내밀었다. 만약 만즈가 한두 번 만에 포기했다면 이 책은 빛도 보지 못하고 한 줌의 재로 사라졌을지 모른다.

만즈보다 더 끈질겼던 인물이 있으니, 바로 KFC의 창업자인 커넬 샌더스(본명: 할렌드 데이빗 샌더스Harland David Sanders)다. 샌더스가 사업을 시작한 것은 65세. 그는 자신이 만든 치킨 레시피를 사줄 식당을 찾기까지 무려 1,008곳을 돌아다녔다. 포기를 모르는 불굴의 노익장을 과시한 할아버지로 인해 세계적인 KFC가 탄생한 것이다.

어떤 상황에서도 희망만 버리지 않으면 기회는 찾아온다. 그 순간을 꿈꾸며 희망을 품자.

《최고의 멋진 인생을 사는 법》에서

chapter 2

고객은 내 삶의 동반자이다

블랙 컨슈머를 충성 고객으로

> 돈을 남기면 하수,
> 업적을 남기면 중수,
> 사람을 남기면 고수다.
> —아키모토 히사오

나는 유독 '블랙 컨슈머black consumer'들을 고정 고객으로 많이 확보했다. 블랙 컨슈머란 기업 등을 상대로 부당한 이익을 취하고자 제품을 구매한 후 고의적으로 악성 민원을 제기하는 자를 뜻하는데, 백화점엔 유독 고객을 우선하고 편의를 위해 제공하는 백화점의 서비스 정신을 악이용하는 사람이 많은 편이다. 사소한 불편을 못 참고 반말이나 욕설을 퍼부어 대는 것도 모자라 왕처럼 군림하려는 것이다. 아무리 '고객은 왕'이라지만 일부 고객들의 '갑질' 행태는 사회적 약자인 서비스업 종사자에게 평생 가슴에 남을 마음의 상처를 입기도 한다.

2015년, 백화점 직원을 무릎 꿇리고 폭언한 '갑질 고객 사건'은 TV 뉴스에 방영되어 사회 문제로 논란이 되기도 했다. 그래서 H백화점의 경우, 전국 매장의 판매사원에게 매장에서 폭언을 하거나 난동을 부리는 고객에 대한 대응 요령을 담은 행동 매뉴얼을 배포하기도 했으며, 각 백화점마다 블랙 컨슈머를 상대하는 행동 요령을 배포하기도 했다. 과도한 보상 요구와 인권 침해 등 업무 방해를 몇 번에 걸쳐 할 경우 녹취를 하여 증거를 남기고 민사소송까지 제기할 수 있도록 조치를 취한 것이다. 뿐만 아니라 모욕을 당한 점원이 그 자리에서 악성 고객을 직접 신고 접수할 수 있고, 가장 빈번한 폭언이나 폭행은 경찰에 신고하고 피해 보상에 대한 소송을 진행할 수 있도록 돕는 것이 그 내용의 골자다.

고객에게 온정을 쏟아야 되는 우리는 약자가 아니다. 판매사원의 권리를 찾기 위해서는 고객에게 움츠리기보다 더 당당하게 응대해야 한다. 악성 고객들은 사람의 감정을 교묘하게 건드리기 때문에 강경하게 대처해야 더 큰 불상사를 막을 수 있다.

나처럼 오래 서비스업에서 종사하다 보면 여러 가지 유형의 블랙 컨슈머가 있다는 것을 알게 된다. 블랙 컨슈머 중에는 상습적으로 꼬투리를 잡는 비양심적인 고객이 있는가 하면, 힘들게 번 돈을 제대로 쓰려는 마음에 '갑'이 되고 싶어 하는 보상심리를 가진 고객들도 있다. 그런 면에서 블랙 컨슈머 중에는 악의적 소비자가 있는 반면, 브랜드에 대한 애정이 유달라서 무의식중에 불편한 마음을 표출하는 경우도 있다. 나는 다양한 계층의 소비자들을 상대하다 보니 고객의 표정과 차림새만 보면 그들의 마음을 읽어버리는 반 관상쟁이가 되어 버렸다.

어느 날 화가 잔뜩 난 50대 남자 고객이 매장에 들어왔다. 그분은 들어오자마자 목소리를 높였다.

"여기 매니저가 누군교!"

목소리를 듣는 것만으로도 고객은 몹시 화가 난 듯했다. 눈치를 살펴보니 그분의 제스처에는 약간 허세가 깃들어 있었다. 대체로 큰 소리를 내서 자신의 존재감을 과시하는 분들의 경우 상대방이 자신을 무시할까 봐 두려워하는 경향이 크다.

나는 차분하게 고객에게 다가갔다.

"제가 매니저입니다. 무슨 일이신지요."

사정을 들어 보니, 그분은 방금 타 매장에 들렸다가 오는 길이라고 했다. 다른 매장에서 요구를 거절당한 상태라 또 한 번 거절을 당할까 봐 상대방의 기선을 제압하려고 소리를 지르는 것이었다.

"아, 고객님, 그런데 어떤 일로 불쾌하신 건가요?"

그러자 그 고객은 여기서도 수선을 거절당하면 옷을 확 찢어 버리겠다며 험악한 표정을 지었다.

"일단 좀 앉으세요. 차 한잔 드릴까요?"

이미 화가 머리 끝까지 난 사람은 일단 진정시키는 것이 우선이다. 나는 함께 차를 마시며 자초지종을 묻고 30분 정도를 아무 말도 않고 들어만 주었다.

"잘 들어 보소! 이 옷은 내가 제일 아끼는 정장인기라. 즐겨 입다 보니 소매 단추가 떨어지고 소매가 뜯어져서 B점 가서 수선을 부탁했어요. 근데 이 문디 자식들이 몇 년 입어서 똑같은 단추도 없꼬, 오래 입은 옷이라 수선이 불가능하다고 딱 잘라 말을 하는 것이 아닌교! 매니저님은 어떻게 생각하는교? 내가 무슨 걸레를 들고 온 것도 아닌데 말이지요!"

그러면서 고객은 그 정도 입었으면 버리고 새 옷을 사 입으라는 기분 나쁜 표정을 지은 직원들에 대해 하소연했다. 그래서 그분은 마지막으로 여기 들고 왔다고 말을 했다.

나는 일단 고객의 화를 가라앉히기 위해 호응하며 "아이고, 속상하셨겠네요." 하며 참을성 있게 하소연을 들어 주었다. 이미 화가 난 상태로 오신 분이시라 자칫 말 실수를 하여 더 화를 내게 해서는 절대 안 된다는 생각에서였다.

같은 브랜드 옷이라도 대리점들은 개인사업주다 보니 백화점이나 타 매장에서 구매한 옷들은 수선을 잘 안 받아 주는 경향이 있다. 개인사업주인 대리점이 아닌 백화점은 고객 위주의 서비스를 제공하다 보니 전국 어디서나 수선을 접수해 주기도 한다. 그렇다고 모든 제품의 수선 서비스를 제공하는 것은 아니다. 더구나 신사복 정장의 경우 기본 수선 기간은 1년이고 고객 과실일 경우는 수선이 가능한 경우에 한해 수선비를 부가하게 되어 있다. 그런 이유로 그 옷은 내가 책임져야 할 아무런 이유도 없었지만, 나는 고객에게 심정적으로 끌렸다. 그분은 큰소리를 치고 시끄럽게 굴기는 했지만 악의적인 블랙 컨슈머라 부르기는 어려웠다.

나는 우선 고객의 노여움을 풀고 난 후 차분하게 상황을 설명해 주었다. 우선 이 제품에 대한 A/S기간이 끝났다는 것을 정확하게 주지시켜 드리고 똑같은 단추가 없을 것이란 사실에 대해서도 설득했다. 그리고 이 제품을 만든 본사에서는 수선이 불가능하지만, 일반 수선실에서는 수선이 안 되는 게 없을 정도로 실력이 좋으니 일단 그곳을 믿어 보자고 일러 주었다. 물론 어느 정도의 수선비용이 나올 것이란 사실도 인지시켰다.

그러자 그 고객은 '그 옷을 계속 입고 다닐 수 있는 것이냐'고 물었다. 나는 똑같은 단추가 없지만 비슷한 것으로 교체할 수 있을 것이고, 최대한 원형을 살려서 입을 수 있게 수선해 주겠다고 약속을 했다. 일말의 불안감이 없는 것은 아니었으나 나는 나의 감感을 믿었고, 속상한 마음을 풀고 매장을 나가던 고객의 뒷모습에서 풍기는 그분의 순수한 마음을 믿었다.

과연 나의 예감은 맞았다. A/S된 옷을 찾으러 다시 매장을 방문한 고객님은 전혀 다른 사람처럼 보였다. 그때의 화를 내던 모습은 사라지고 온화한 모습의 신사분이 오신 것이다. 수선해 온 정장을 내어 드리니 꼼꼼히 살펴보신 후 깔끔하게 수선되었다고 정말 마음에 들어 하셨다. 더 놀라운 것은 수선비를 지급하시며 "다른 정장을 한 벌 더 여기서 구입하시고 싶다"고 하셨다. 그리고 "전 매니저가 골라 주는 옷을 입어야제"라는 말도 덧붙였다.

그분은 그날 이후 나의 고정 고객이 되었다. 그날 화를 내서 미안하다고 말씀하시는 그분에게서 나는 큰 감동을 받았다. 그분의 섬세한 관심과 배려에 감동을 받은 것이다. 매니저가 고객을 관리하는 것이 아닌, 매니저를 관리해야 한다면서 수시로 안부 전화도 주시고, 매장도 가끔 들리시기도 하며, 제철 과일도 여러 차례 선물해 주셨다. 벌써 10여 년이 넘는 세월이지만 아직까지 서로 소통하며 지내고 있다.

그분의 삶의 철학은 정말 배울 것이 많았다. 이발소도 10년 이상, 맛집도 10년 이상, 정장도 좋아하는 매니저나 브랜드로 한 곳에서 모두 해결하신다고 했다. 말하자면 단골이 편안한 체질인 것이다. 말을 딱히 하지 않아도 알아서 척척해 주는 게 너무 편하게 느껴진다는 것이다. 그분은 그것을 '단골철학'이라고 했다. 각 분야의 전문가를 본인의 매니저로 두고 사는 것을 큰 재미로 느낀다는 것이었다. 말하자면 나도 그분의 단골철학의 정장 파트를 맡고 있는 매니저인 셈이었다.

그분은 자신의 매니저들을 관리하는 매니저로 자처하면서 수시로 매장을 방문하고, 안부 전화를 하는 것을 즐기는 분이셨다. 그런 분이 아끼는 옷을 더 이상 수선 서비스를 받을 수 없다는 것에 얼마나 아쉬우셨을까. 무엇이든 마음에 드는 것이 있다면 10년 이상 꾸준히 이용하는 분이니 우리 브랜드의 옷 역시 오랫동안 이용하셨음이 분명했다. 그런 분에게 진상 고객 취급을 하며 '그 정도면 오래 입었으니 적당히 하고 새 옷을 사 입으시라'고 응대했으니 고객이 화를 내실 이유는 충분했다.

만약 고객님께서 방문하셨을 때 무조건 수선이 불가능하다고 말하기보다는 A/S 정책에 대해 충분히 설명한 후 다른 방법을 찾아보려는 노력이라도 해 주었다면 어땠을까? 고객은 원하는 서비스를 받지 못해도 충분히 납득하고 고마워했을 테고, 우리 브랜드에 대한 좋은 인상을 갖고 차후에도 매장을 방문했을 것이다.

상대방의 마음을 읽어라

앞에서 예를 든 분은 블랙 컨슈머가 아니다. 내가 신조어를 만들어 본다면 그분은 '화이트 컨슈머' 정도가 아닐까. 블랙 컨슈머가 서비스업에 종사하는 사람들을 힘들게 만드는 것은 사실이다. 특히 악의적인 블랙 컨슈머는 SNS에서 악플을 다는 사람들과 비슷하다. 하지만 내가 경험한 블랙 컨슈머는 온라인상에서 악플을 다는 사람들과는 다른 사람들이었다. 온라인에서는 얼굴이 보이지 않지만 오프라인인 백화점 매장에서는 얼굴뿐만 아니라 인격이 그대로 드러난다. TV 뉴스나 드라마에 나오는 갑질 고객은 특별한 경우라고 생각한다.

하버드 대학 교수 아서 베스트는 "항의하는 사람들은 하찮은 것을 가지고 흠 잡는 사람이 아니며 오히려 구매자들을 대표하는 보다 광범위한 샘플이 되는 사람들이다"라고 말했다. 내가 경험한 블랙 컨슈머들 중에는 소비를 통해서 '한恨풀이'를 하려는 사람들이 많았다. 사회적으로 성공했고 힘들게 돈을 벌었으니 폼 나게 돈을 쓰고 대접받고 싶은데, 아무도 알아주지 않아서 혼자서 뿔이 난 사람들이 블랙 컨슈머가 되는 경우가 많다.

폼 나게 살아보고 싶은 것은 모든 인간이 가진 유치한 본성일 수도 있다. 그래서 나는 블랙 컨슈머에 대처하는 과학적 대응법이 필요하다고 믿는 편이다. 악성 블랙 컨슈머인지, 아니면 순수한 고객인지 제대로 구분해서 소비자의 취향과 감수성을 끌어들여 공감하는 마케팅을 펼치는 것이다.

직접 매장에서 고객을 상대하는 사람은 굉장한 인내심이 필요하다. 대부분의 블랙 컨슈머들은 꼬투리를 잡아 시비를 거는데 그 고비를 잘 넘겨야 한다. 그러므로 판매사원은 단골고객뿐만 아니라 블랙 컨슈머에게도 충실한 상담원이 되어 줄 필요가 있다. 그것이 블랙 컨슈머에게 똑똑하게 대처하는 마케팅 방법이 아닐까.

2008년에 발간된 박인권 만화가의 《열혈장사꾼》이라는 책에는 이런 말이 나온다.

"가격으로 주목하게 하는 것은 3류 상인이고 가치로 주목하게 하는 것은 2류 상인이며, 가슴으로 주목하게 하는 것은 1류 상인이다."

나는 1류가 되기 위해서 가슴으로 화난 고객을 다스린다는 철학을 갖고 있다. 다스린다는 말에 어폐가 있다면 가슴으로 고객을 대한다고 해야 할 것이다.

몇 해 전, 우리 매장에서 제품을 구매하신 분이 어두운 얼굴로 들어오셨다.

"어머 고객님, 왜 그리 얼굴이 어두우세요. 그때 구입하신 옷은 잘 입고 계시죠?"

"그때 그 옷 잘못 산 거 같아요."

"무슨 일 있으세요?"

"아! 진짜 구김이 가도가도 너무 가는 거 아세요?"

말을 그렇게 하지 않았지만 '뭐 이딴 옷을 비싼 돈을 받고 파냐?'고 소리를 치는 것 같았다. 그분은 점점 분노가 끓어오르는지 이렇게 소리치는 것이었다.

"그 옷은 반품해 줘!"

그러더니 더욱 절망적인 소리를 내뱉는 것이었다.

"나, 참 중요한 자리에서 얼마나 창피하던지……."

순간 나는 아찔했다. 나는 내가 판매하는 제품에 자부심을 갖고 있었다. 다년간 판매를 하면서 형편없는 제품이라는 평가를 받아 본 적도 없었다. 하지만 나는 '고객은 왕'이란 생각을 하면서 그분과의 대화를 통해 왜 그런 감정까지 갖게 되었는지를 알아보기로 했다. 그분은 중요한 자리에 갔는데 옷이 꾸깃꾸깃해지는 바람에 망신을 당했다고 여기고 있었던 것이다.

"아! 그 일 때문에 속상하셨군요."

나는 그 고객을 자리에 앉히고 분을 삭일 때까지 말을 들어 주다가 제품에 대한 설명을 차분하게 해 주었다.

그분은 자신이 구매한 린넨linen소재에 대한 정보가 거의 없는 상태였다. 나는 일단 속상한 마음을 충분히 이해하고 인정한다고 말씀드리고, 린넨은 아마亞麻를 원료로 하는 자연섬유라서 땀 흡수가 잘 되고, 바람이 잘 통하여 시원한 장점이 있지만 구김이 잘 가는 단점이 있다고 설명해 주었다.

"이 옷은 구김이 가도 아무도 이상하게 생각하지 않아요. 피부에 잘 달라붙지 않아 시원하고 멋스럽게 착용할 수 있어요. 요즘 젊은이들 사이에서 린넨 셔츠가 선풍적인 인기를 끌고 있거든요."

내가 그렇게 설명을 해 주자 고객은 조금씩 납득을 하는 표정이 되어갔다.

"린넨은 구김이 잘 가기 때문에 접어 보관하기보다 옷걸이에 걸어 보관하는 게 좋아요."

나는 린넨 제품의 특성과 세탁하는 법, 그리고 보관하는 법까지를 설명해 주었다. 그러자 그분은 언제 화를 냈냐는 듯이 순한 양이 되어서 돌아갔고, 다음에도 자주 매장을 찾는 단골고객이 되었다.

충성 고객은 내 인생의 동반자

가만히 생각해 보면 매장에서 소리를 지르고, 직원들에게 스트레스를 푸는 사람, 심지어 분노를 못 이겨서 가위로 옷을 자르려는 사람들에게도 다 사연이 있었다. 그들이 주위환경은 아랑곳하지 않고 히스테리를 부리는 데는 자신을 알아주지 않아서 갑질을 하는 경우도 있지만 브랜드 애착이 있는 사람들이 더 많다는 것이다.

예를 들면 앞서 이야기했던 신사분처럼 말이다. 오래 이용한 브랜드의 정장을 수선할 수 없다는 데 실망한 것에 이어 직원의 성의 없는 대응에 잔뜩 화가 난 고객은 사례처럼 브랜드에 가진 애착 때문에 더욱 화를 내는 경우도 있다. 혹시라도 매장에서 직원이 불친절해서 고객이 화가 났다면 그 직원은 잠시 자리를 피하게 하는 것도 좋은 방법이다. 아니면 화난 고객을 모시고 장소를 이동하는 것도 또한 방법일 수 있다. 결국 분위기를 전환시켜 주고 고객의 입장에서 경청을 하다 보면 어느새 고객은 순한 양으로 변해 있기 마련이다. 결국은 '별일 아닌데 내가 속상해서 그랬다'면서 사과를 하는 고객도 있다.

내가 블랙 컨슈머를 고정 고객으로 많이 확보할 수 있었던 데는 고객의 입장에서 생각하고 상대방이 마음을 읽은 덕분이 아닐까. 고객의 마음을 읽고 가슴으로 대했더니 고객도 진정성 있는 나의 마음을 읽고 나에게 한층 더 신뢰하는 모습으로 다가왔다. 결국 사람이 하는 일은 사람이 답일 수밖에 없다.

나의 충성 고객 중에 백화점 근처에서 사업을 하는 분이 계시다. 그분은 한가한 시간이 많아서인지 '아이 쇼핑'을 즐기는 분이셨다. 늘 우리 매장을 들려 우리 브랜드 제품이 좋다고 말은 하면서도 구매를 한 적은 단 한 번도 없었다. 그런데 넉살이 좋은 것인지 그분은 좁은 매장 의자에 앉아서 자주 수다를 떨다 가곤 했다. 그날도 그랬다.

"매니저님! 다방 커피 한 잔 줄 수 있어요? 여기 커피가 달달하고 맛이 있어서요."

"네, 당연히 드려야죠."

내가 믹스 커피를 한 잔 타 드렸더니 그분은 맛있게 드시고 가셨다. 직원들이 실없는 사람 같다고 입을 삐죽거렸지만 오히려 나는 그들을 나무랐다.

"얘들아, 우리 매장을 찾아 주시는 분들은 모두 감사한 마음으로 응대해 드리기로 했잖아. 그러니 매장에 방문하는 어린아이조차도 진심으로 환영해 주면 어떨까. 역지사지로 생각해 봐. 저분이 갈 데가 없어서 우리 매장을 계속 오시는 건 아닐 거야. 내 생각엔 우리 매장에 관심이 분명 있으니까 자주 오시는 게 아닐까. 우리 매장에 들어와 주시는 것만으로도 감사하게 생각하자. 얼핏 보면 매장에 고객이 많은 것처럼 보일 테니까. 안 그래?"

그런데 다음날 그분이 오더니 고액 매출을 올려 주었다. 매장 직원들이 기분 좋은 얼굴로 대해 주고 친절하게 인사를 해 주어서 단골이 되고 싶다는 것이었다. 그 이후로 그분은 명절이면 직원들에게 상품권과 선물을 수시로 챙겨 주시기도 하고, 가끔 매장 직원들에게 통 큰 식사도 대접해 주는 '화이트 컨슈머'가 되었다.

이렇듯 작은 것에 감동하는 것이 고객이다. 나는 서비스가 정말 큰 것이 아니라는 것, 고객이 정말 필요하고 갈증을 느끼는 것을 찾아 주는 것이 우리의 진정한 서비스가 아닐까 생각해 본다. 고객에게 대접한 '달달한 커피 한 잔'이 10년 충성 고객을 만들어 낼 수 있는 것이다.

내부 고객도
홀려라

> 고객이 원하면, 고객이 있는 곳이라면
> 우리는 지옥에라도 간다.
> 고객이 없는 연구는 아무리 좋은 연구라 할지라도
> 얼마 가지 않아 쓰레기통에 처박히게 된다.
> — 윤순봉

나는 고객들에게 처음부터 상품을 판매하려고 하지 않았다. 백화점 판매사원을 시작할 때 내가 가장 좋았던 것은 많은 사람들과 대화를 나눌 수 있다는 것이었다. 나는 수다쟁이는 아니었지만 세일즈를 하려면 고객과 거리감이 없어야 한다는 것을 무의식중에 알고 있었고, 누구에게나 싹싹하게 구는 성격은 판매직에 잘 맞았다.

나는 매장을 방문하는 고객들에게 날씨도 묻고, 신문에서 본 오늘의 헤드라인 뉴스, TV 드라마 이야기로 수다를 떨면서 고객들에게 다가갔다. 기계적으로 틀에 짜여진 인사를 하는 것보다 마음이 편했다. 우산을 들고 들어오시는 고객에게는 "어머, 밖에 비가 오나 봐요." 하면서 오시는데 불편하지는 않으셨냐고 물었다. 그러면 고객은 한결 쉽고 편하게 다가왔다. 이렇게 대화를 하면 일단 고객들은 심리적으로 무장해제가 되고, 나는 자연스럽게 고객들의 니즈도 파악할 수 있어 좋았다. 그렇게 몇 년을 하다 보니 주변에 친절하다는 소문이 났고, 입에서 입으로 고객들이 칭찬을 해 주며 우리 매장을 찾는 경우가 많았다.

그런 고객들 중에 직원의 가족들도 있었다. 그 가족들이 내가 이 자리까지 올라올 수 있게 해 준 일등공신이기도 하다. 요즈음은 많은 기업에서 내부 고객의 중요성을 강조하고 있지만, 당시 나는 그런 것에 대해서는 문외한이었다. 우리 매장을 찾은 고객이 직원들의 가족이라는 것을 알았다고 해서 더 잘해 드린 것도 없었다. 다만 그들의 가족들이 쇼핑 후, 나의 친절에 대해서 이야기를 잘해 주었고, 그렇게 한 분, 두 분 우리 매장을 애용하는 내부 고객이 생기기 시작했다.

비즈니스에 있어서 내부 고객이라는 개념이 정립된 것은 불과 20여 년 전의 일이다. 기업들이 고객은 단지 회사의 물건을 팔아 주는 외부 고객뿐만이 아니라 내부 고객(직원), 협력사 고객, 그리고 지역 사회의 고객까지 포함해서 생각하기 시작한 것이었다. 이러한 네 부류의 고객을 모두 만족시킬 수 있어야 기업은 경쟁력을 확보해 나갈 수 있다는 데서 내부 고객의 개념이 형성되었다.

내부 고객의 개념은 인터넷과 모바일을 통한 SNS가 일상화되면서 더욱 널리 퍼져나갔다. 기업 내부의 대화 방식이 아주 간편하게 이루어지는 탓에 상하간의 의사소통도 원활해졌기 때문이다. 고객과 접점이 많은 백화점 매장의 경우, 고객 만족은 내부 고객에서부터 시작된다. 직원들의 불만이 쌓이면 고객에 대한 서비스의 질이 나빠지고 그것은 곧장 매출 하락으로 이어진다. 고객 만족 경영의 시작은 내부 고객인 직원들부터 만족하는 회사를 만드는 것이다. 내부 고객이 만족해야 제품을 사가는 고객에게 만족을 줄 수 있다는 것이다.

그렇다고 내가 이렇게 거창한 내부 고객에 대한 아이디어를 가지고 매장을 관리해 온 것은 아니다. 나는 그저 조그만 매장이지만 직원 만족도가 높아야 한다고 생각했고, 고객에게 친절과 정성을 쏟아야 한다는 철학에 따랐을 뿐이다. 내부 고객이 만족해야 상품을 사가는 고객에게 만족을 줄 수 있다는 것은 거창한 데이터나 어떤 이론도 필요 없는 일이 아닐까.

그러다 보니 우리 매장이 친절하고 분위기가 좋다는 소문이 사내에서 나기 시작했고 내부 직원들과 그분들의 가족이 우리 매장을 자주 찾는 경우가 생긴 것이다. 내부 직원의 가족들은 또 주변 사람들에게 입소문을 내서 다른 가족들을 우리 매장으로 보내 주곤 했다.

"셔츠 하나 사러 갔다가 백만 원 털리고 왔어"

어느 날 깔끔한 흰색 셔츠차림의 아주 멋진 신사분께서 매장에 들어오셨다. 셔츠를 하나 구매하러 오셨다며 보여 달라고 하셨다. 왠지 나는 그 고객에게 들이대고 싶은 충동을 느꼈다. 나의 고정 고객으로 만들고 싶은 충동 말이다.

나는 나의 예민한 감으로 그분은 그냥 스쳐 지나가는 그런 고객이 아닌, 우리 매장의 고정 고객이 될 것 같았다. 그래서 그분이 늘 찾을 수 있는 매장으로 만들고 싶어서 우리 옷의 장점과 단점, 왜 우리 셔츠를 입어야 하는지 자세히 정성을 다해 설명해 드렸다. 그리고 이 셔츠에는 이런 종류의 바지를 입으면 더 멋있다고도 말씀해 드렸다.

나는 그렇게 연결 판매로 셔츠 하나 사러 온 고객에게 백만 원 상당의 매출을 올렸다. 그런데 막상 고객 등록을 유도했으나 한사코 안 하시겠다고 하셨다. 아쉽지만 특이사항을 따로 메모해 두어 기억해 두어야겠다고 생각했다.

그리고 며칠 뒤, 백화점 점장님께서 새로 부임하셨다. 각층의 우수 매니저를 뽑아서 오찬을 한다고 했다. 물론 나도 대표로 그 자리에 참석했다. 자리 배치가 점장님 앞자리에 앉게 되어 조금 부담스러운 기분이 들었지만 '바로 앞에서 인사도 드리고 얼굴도 익히면 좋겠다'라고 생각하며 편하게 앉아 있었다.

그때 점장님 등장했다. 놀라운 것은 그때 그 셔츠 차림의 남자 고객이었다는 사실이다.

"앗, 안녕하세요."

나는 엉겁결에 습관처럼 인사를 드렸다.

"어이쿠, 매출은 잘 나오고 있습니까?"

그 말에 나는 얼굴이 확 달아오름을 느낄 수 있었다. 그리고 점장님께서는 많은 사람들 앞에서 그날의 이야기를 하시며 이렇게 말씀하셨다.

"전현미 매니저가 얼마나 여우인 줄 알아요? 내가 셔츠 하나 사러 갔다가 백만 원 털리고 왔어요."

그러면서 여러분들도 조심하시라며 농담을 던지시며 기분 좋게 웃으셨다. 이렇게 인연을 맺은 점장님은 수시로 매장을 방문해서 덕담을 던져 주기도 하시고, 그때그때 필요한 물건을 구매하는 것도 모자라 아들의 결혼식 예복을 구매하시기도 했다.

백화점 생활을 오래한 덕분에 여러 관계자들을 알게 되었고, 그분들을 포함한 내부 고객을 직접 손님으로 모실 수 있었다. 그러나 그건 결코 오랜 시간 덕분이 아니다. 나는 내가 기본에 충실하고 근무 태도가 성실했기 때문에 그분들과 오랜 시간 인연을 맺을 수 있었다고 자부한다. 백화점에는 실로 다양한 브랜드가 입점해 있고 나 말고도 많은 매니저들이 있다. 그런데도 내가 많은 내부 관계자들은 내 편으로 만들 수 있었던 것은 친절과 서비스 정신 때문이라고 생각한다.

비즈니스를 하려면 누구의 힘이든 활용할 줄 알아야 한다. 인간은 혼자서는 살 수 없는 존재이다. 자신만 잘하면 된다는 생각을 버리고 동반자와 함께 나아가길 고민해야 한다. 그 동반자는 내가 지금 당장 알지 못하지만 내가 맺은 인연에서 확장될 수 있는 사람이면서, 동시에 나의 잠정적 내부 고객이기도 하다. 그런 한 분 한 분이 모여 나에겐 불황을 이길 수 있는 원동력이 되었다. 10여 년을 잊지 않고 찾아 주는 수많은 내부 고객 덕분에 나는 위기를 기회로 삼을 수가 있었다. 그들의 마음을 사로잡기 위해 더 많이 노력하고, 소통하고, 진정성 있는 태도로 대했다. 그것이 나를 진정성 있는 판매사원으로 성장시켰다고 생각한다. 그래서 나에게 불황은 없다.

고객의 마음을
홀딱 반하게 하라

> 인류에게
> 참으로 효과적인 치료제가 있으니
> 그것은 바로 웃음과 유머다.
> – 마크 트웨인

접객 혁명 시대가 왔다. 백화점에 VR(가상현실)기술을 적용한 'VR 스토어'를 오픈하기도 하고, 로봇이 매장 입구에 서서 고객을 안내하는 등 다양한 접객 방법을 시도하고 있다.

백화점 접객 인사의 톤도 바뀌었다. 인간이 낼 수 있는 소리의 열쇠를 '키 톤key tone'이라고 하는데, 그동안 백화점 접객 인사는 "안녕하십니까? 어서 오십시오." 혹은 "찾으시는 상품 있으세요?" 등의 인사를 '솔sol톤'으로 해 왔다. 솔톤은 강하고 확신이 가는 목소리라고 알려져서 많은 유통업계에서는 접객 인사를 솔톤으로 하고 있다. 인사말을 할 때 "안녕하십니까?" 하면서 끝을 살짝 올려서 발음하면 경쾌함과 청량감을 느낄 수 있다.

하지만 요즘 들어 조금은 부자연스럽고 틀에 짜인 서비스 인사로 들리는 인식이 강하고, 장시간 솔톤으로 말하게 되면, 직원들의 성대에 손상이 올 뿐만 아니라, 신뢰감을 잃게 되는 경향이 있다. 그래서 이제는 인사도 차분한 '미me톤'으로 안정감 있게 고객 접객을 시도하고 있다. 직접 고객과 마주하는 나 역시 경험상 미톤은 편하게 대화하는 톤이기 때문에 고객과 대화를 할 때도 큰 거부 반응이 없다.

아나운서들이 뉴스에서 말하는 톤을 생각해 보라. 그들이 사용하는 톤은 바로 중저음의 '미톤'이다. 미톤은 신뢰감이 가고 가장 자연스러운 톤이자, 사람들이 듣기에도 편안한 톤이다.

백화점 접객 인사는 물론 이제는 인사도 차분한 미톤으로 하여 안정감 있게 고객 접객을 시도 하고 있다. 나는 고객들에게 "안녕하세요. 밖에 날씨가 많이 덥죠?" 하며 자연스럽게 다가가기도 한다.

우리 매장은 진즉부터 접객 인사를 미톤으로 진행해 왔다. 틀에 짜인 높은 목소리를 내느라 알게 모르게 직원들이 스트레스를 받는 것보다 사람들이 듣기에도 편안한 미톤을 선택하여 응대를 하는 것이 좋겠다는 판단에서였다. 고객이 행복하려면 판매사원도 행복해야 더 기분 좋은 진정성 있는 서비스가 제공될 수 있다.

또한 우리 매장은 고객이 찾아오면 상품을 보여 주기보다 그날의 이슈나 새로운 소식에 대하여 이야기하면서 고객과의 소통을 시도한다. 한 번 물건을 팔고 마는 손님이 아니라 지속적인 인연을 맺는 고객을 원하기 때문이다. 《성공하는 기업의 8가지 습관》이라는 책을 보면 100년이 넘도록 영속하는 기업에는 '핵심 가치'라는 공통분모가 있다고 나온다. 그것은 시장 변화나 시대 상황이 바뀌어도 절대 바뀌지 않는 가치다.

나는 작은 매장이지만 우리 매장에도 '핵심 가치'를 도입했다. 그것은 바로 '행복'이다. 아리스토텔레스도 인간이 살아가는 목적이 행복이라고 설파하지 않았던가. 나는 우선 그 행복을 우리의 사업장인 매장 중심으로 생각했다. 직원의 행복, 나의 행복이 있어야 고객의 행복도 얻을 수 있는 생각에서였다.

그래서 나는 일단 나 자신부터 많이 웃으려고 노력했다. 즐거운 일이 있어야 웃는 것이 아니라 웃어서 행복해져야 한다고 판단했다. 나는 조금 우울한 일이 있어도 내가 먼저 웃으면서 밝은 분위기를 만들어 나갔다. 일찍 출근하여 청소도 하고, 직원들에게 커피를 타 주면서 이야기꽃을 피우는 것도 행복이라는 우리 매장의 미션을 실천하는 행위라고 할 수 있다. 우리 매장의 식구들은 매일이 축제인 것처럼 근무를 하니 인사도 자연스럽고 출근할 때도 신날 수밖에 없다.

매장의 분위기가 좋다 보니 지나가던 고객들이 들어오면 덩달아 기분이 좋아져서 혼연일체가 되는 경우도 많아졌다. 처음에는 제품을 구매할 의사가 없던 분들도 미소 띤 얼굴로 "웬일이죠? 이 매장에서는 뭐라도 꼭 사서 나가야 할 것 같아요." 하면서 고객이 되기도 했다. 단골고객들은 우리 매장에 들리시면 사소한 일상에 대해 이야기하고, 회사 이야기, 자식 이야기, 사는 이야기 등 다양하면서도 소소한 이야기를 하다 가곤 한다. 요즘은 혼자 사는 분들도 많으셔서 그런지 누가 조금만 이야기를 경청해 주면 고객도 진심으로 우리 매장을 걱정해 주기도 하고, 매출을 올려주는 등 서로서로에게 좋은 영향을 주는 사이가 되었다.

고객 감동은 멀리 있지 않다. 그들의 고통과 불편함을 해소해 줄 수 있고, 그들의 마음을 편하게 해 주는 것이 고객을 내편으로 만드는 유일한 방법이다. 이젠 가식은 통하지 않는다. 진심만이 전달될 뿐이다. 그렇게 진심이 주고받을 때가 고객과 판매사원 모두가 행복을 느끼는 순간이다.

"이 매장은 에너지가 참 좋아"

10여 년째 관계를 맺고 있는 고객 한 분이 계신다. 그분은 원래 L백화점 정장 브랜드 고정 고객이셨는데, 무슨 까닭인지 S백화점의 우리 매장을 방문했다. 사실 우리 매장을 찾게 된 것은 순전히 우연이었다. 매장을 처음 찾는 분이었으나 나는 그가 제법 손이 큰 고객이라는 것을 알아차릴 수 있었다. 한 시간 정도 대화를 나누다 보니 과연 그분은 사업체도 크게 하고, 사회적으로도 큰 성공을 거둔 분이셨다. 게다가 그분은 타 백화점 VIP 고객이었다.

그런데 그분은 마음의 문을 열지 못했다. L백화점 제품이나 서비스에 불만이 있어서 우리 백화점을 찾으신 것 같기는 한데 영 속마음을 내비치지 않고 말을 빙빙 돌리면서 핵심을 피해 갔다. 최선을 다해서 한 시간 이상 우리 제품과 서비스에 대해서 설명을 했으나 고객은 만족하지 못하셨는지 계속 질문만 했다.

내가 정성을 다해서 설명을 해 주어도 그분은 계속 타 백화점 서비스에 대해서만 이야기를 하셨다. 내 눈에는 그분이 결정장애자처럼 비쳐지기도 했다. 무슨 레코드가 돌아가는 것처럼 같은 이야기를 반복하게 되자 어지간해서는 지치지 않는 나도 힘들었다. 내가 기독교인이라면 "주여, 왜 나를 이토록 시험에 들게 하시나이까?" 하고 탄식할 지경이었다.

그때 나의 뇌리에는 필살기 하나가 떠올랐다. 나는 자리에서 일어서는 그분에게 차를 한 잔 더 대접하면서 일단 소파에 다시 앉으시라고 말했다.

"고객님, 쇼핑이 많이 힘드시죠? 원래 쇼핑은 힘든 거예요."

이렇게 운을 떼고 나서 나는 그분에게 이렇게 말씀을 드렸다.

"고객님, 우리 브랜드도 못 믿겠고 백화점도 못 믿겠고……. 음, 그렇다면 고객님, 그럼 제안을 하나 드릴게요. 아무것도 믿지 못하시겠으면 고객님 앞에서 한 시간 동안 함께한 전현미라는 매니저를 한 번만 믿어 보실래요?"

그러자 그분의 얼굴에 화색이 번지시더니 "지금 하신 말씀 대박입니다." 하시며 내 손을 꽉 잡는 것이 아닌가. 그때부터 대화의 창이 열리고 우리의 대화는 일사천리로 풀려나가기 시작했다.

"내가 많은 비즈니스 경험을 했지만 자신을 파는 매니저 처음 봐요! 그래, 전현미라는 매니저를 믿어야지. 하하하하. 대신 매니저도 나를 믿어 보세요."

그러더니 그분은 단숨에 제품 구매 결정을 했고, 첫날 구매가 지금까지 인연으로 이어져 오고 있다. 이미 10년 전의 일이지만 나는 그날 그분이 툭 던진 말을 아직까지도 잊지 못한다.

"이 매장은 에너지가 참 좋아."

그분은 한 시간 이상 애를 먹이기는 했으나 우리 매장의 분위기를 떠보려고 그토록 오래 말을 빙빙 돌리면서 앉아 계셨던 것이었다. 그날 그분은 매장을 떠나면서 매장이 이렇게 좋은 에너지가 있어야 한다며 칭찬을 해 주셨던 것이 기억이 난다.

그때부터 나는 항상 고객의 행복과 직원의 행복을 매장의 미션으로 만든 나의 혜안에 진정한 행복을 느꼈다. 우리 매장은 행복한 분위기로 고객을 홀딱 반하게 만드는 마법을 가진 매장이 된 것이다.

이제 고객들은 모든 매장에서 동일하게 하는 인사 멘트나 동일한 서비스는 감동적이라 받아들이지 않는다. 그러나 오히려 친절한 말 한마디, 작은 행동이 고객의 감동을 이끌어 낸 적이 많다. 오히려 너무나도 사소해서 감동을 받는 고객에게 당황한 적이 몇 번 있을 정도였다. 그 이유를 곰곰이 생각해 보니 고객들이 급변하는 시대에 인간의 따뜻한 본연의 모습을 그리워하며 정을 느끼고 싶은 욕구를 쇼핑에서 찾으려 한 건 아닐까 싶다.

문화가 발전하며 이제 쇼핑은 우리의 삶의 일부분이기 때문에 좀 더 사람 향기가 나는 마케팅을 찾을 필요가 있다. 방문하기에도 부담스러운 분위기의 매장이 아닌, 그냥 스쳐 지나가다가 한 번쯤 들르고 싶은, 옷만 툭 걸쳐 입고 나와도 눈치가 보이지 않는 친절한 매장이 된다면 직원도, 고객도 더욱 행복하지 않을까. 나는 오늘도 시골 마을회관 같은 매장을 만들기 위해 노력하고 있다.

글로벌 고객도 등한시하지 마라

> 그는 나의 북쪽, 나의 남쪽, 나의 동쪽
> 그리고 나의 서쪽이었다.
> - 오든

오늘날 시장은 지구촌 전체를 대상으로 한다. 명동 인근에 위치한 S백화점 본점은 외국 관광객이 유독 많이 온다. 그래서 판매사원들에게 영어, 중국어, 일본어 등을 무료로 가르쳐 주기도 한다. 관광객에게 좀 더 편하게 쇼핑할 수 있도록 서비스를 제공하기 위함이다. 그들이 한 해 쇼핑으로 전체 매출의 10프로를 올릴 정도이다. 더구나 내가 있는 매장에서는 15프로를 넘기도 했으니 외국인 손님이 백화점을 얼마나 많이 찾는지 짐작할 만하다. 물론 면세점이기 때문에 더욱 세계 각지의 고객들이 방문하기도 한다.

생각보다 신사복 매장에도 많은 외국인 손님들이 방문한다. 하지만 외국인들은 체형이 다르고 좋아하는 패턴과 컬러가 다른 탓에 우리의 글로벌 고객은 재외 한국인인 경우가 많다. 신사복 한 벌을 사려고 해도 현지에서는 동양인 체형에 맞는 옷이 없어서 고민이라는 이유에서다. 그런 고객이 많지는 않지만 나는 그분들이 방문을 하게 되면 어떻게든 옷을 팔려고 매달리지 않았다. 나는 외국인에게든, 재외교민에게든 옷을 한 벌이라도 더 팔려는 욕심 때문에 우리나라의 이미지를 망치는 게 싫었다. 내가 해외여행을 하면서 쇼핑할 때 가끔 눈살을 찌푸리고 그 나라에 대해서 나쁜 인상을 갖고 돌아오는 경우가 종종 있었기 때문이다. 나는 되도록 해외에서 살고 있는 그들이 가장 마음에 드는 제품을 고를 수 있도록 도와주고 싶었다. 심지어 고객이 원하는 최상의 상품이 없을 때는 타 브랜드를 소개해 주기도 했다.

그런 고객 중에 필리핀 고객이 한 분 계신다. 그분의 특성은 바지 욕심이 굉장히 많다는 것이었다. 그분은 처음 우리 매장에 들렸을 때 바지만 열두 개를 사 가셨다. 필리핀은 더운 곳이라서 정장 윗도리를 입을 일은 거의 없기 때문에 바지만 구입한다는 것이었다. 더워서 땀을 많이 흘리는 탓에 자주 갈아입어야 하고 땀에 절어 찢어지는 경우가 많아서 오실 때마다 바지만 엄청 사 가는 것이 이유였다.

그분과도 몇 년째 좋은 관계를 유지하고 있지만, 사실 처음부터 친구가 되었던 것은 아니다. 처음 인연을 맺은 후 SNS로 고객 관리를 하는 과정에서 자연스레 안부를 가끔 물으며 서로 친분을 다져 나갔다.

필리핀 고객은 현지에서 사업을 하시는데, 1년에 한 번씩 업무차 한국에 나오셨다. 그분은 한국에 오기 전에 늘 미리 연락을 주어 방문 예정 사실을 알려 주셨고, 나는 그 소식을 들으면 상품을 동영상으로 미리 보내 주어 그분이 한국에 오셨을 때 옷을 고르고 입어 보는 시간을 절약하고 마음에 드는 옷을 제대로 고를 수 있게 준비를 해 놓았다. 그런 과정에서 우리는 상호 신뢰하는 관계로 성장했다.

호주 시드니에 거주하시는 고객 한 분은 현지 태권도 협회 회장님이셨다. 그분도 매년 한 번 정도 우리 매장을 찾으셨는데, 매년 만나다 보니 1년에 꼭 한 번은 봐야지 아니면 아쉬운 사이가 되었다. 고객과의 인연은 처음부터 예사롭지 않았다. 그분이 우리 매장을 찾았을 때 맞는 사이즈가 없어서 나는 타 브랜드 안내를 해 드렸다. 운동을 한 다부진 몸이라 특이 체형을 갖고 계셔서 일반 매장에서 쉽게 갖고 있는 사이즈가 아니었다. 그렇게 한 번 스쳐갈 인연이라 생각하고 까맣게 잊고 있었는데 다음 해에 다시 우리 매장을 찾아 주신 것이다. 타 브랜드가 마음에 들지 않았던지 우리 매장을 찾아서는 '꼭 여기서 구매하고 싶다'고 하셨다. 그런데 또 그분에게 맞는 사이즈가 없었다. 그날 바로 출국하신다고 하니 물건을 판매할 수 없는 상황이 되었다. 나는 결단을 내렸다.

"고객님, 그럼 해외특송으로 보내 드리면 어떨까요? 물론 운임은 저희가 부담할게요." 그분은 반색을 하며 좋아하면서 돌아가셨고, 다음날 나는 손편지까지 한 통 써서 넣고 옷을 항공편으로 보내드렸다. 그 덕에 고객분은 매년 한국에 오시면 우리 매장을 반드시 찾았고, 한 벌이라도 꼭 사 가지고 돌아가셨다.

세계는 점점 좁아진다. 세계 곳곳의 잠재적 고객을 잡아라

이렇게 한 백화점에서 오래 근무하다 보니 매년 매장을 찾는 분들이 종종 있다. 중국에서도 국경절 휴가만 되면 찾아오시는 고객, 베트남, 미국, 캐나다 등에서도 한국에 들릴 때마다 우리 매장을 찾는 글로벌 고객들이 있다. 그렇게 한 분 한 분 잊지 않고 우리 매장을 찾는 데는 다 이유가 있다고 생각한다.

만약 내가 옷 한 벌을 판매하는 데만 열을 올렸다면 절대 그들은 다시 우리 매장을 찾아오지는 않았을 것이다. 나는 진심으로 상대방의 문화와 취향을 공유하고, 정보도 교환하려 노력했다. 한국 여행 시 어려운 점들에 대한 것도 포함해서 말이다. 더불어 나는 대한민국 백화점의 친절이 세계 최고라는 것을 알려 주고 싶었다. 그들이 방문한 백화점의 우리 매장이 그들에겐 대한민국 백화점 전체의 이미지로 남을 테니 말이다.

나라를 구해야만 애국은 아니다. 나 역시 작은 매장이지만 글로벌 고객들에게 좋은 이미지를 주기 위해 노력했고, 작은 매장에서 나도 나름의 작은 애국을 하고 있다는 것에 자부심을 느끼고 있다. 그와 동시에 세계 각지에 친구들이 생기니 다양한 문화를 접하고, 세계를 보는 나의 눈도 나도 모르는 새 넓어지고 있었다. 그러다 보니 세계화에 대한 다양한 시각을 갖는 것도 중요한 요소라 생각되었다.

그런 면에서 토머스 프리스먼의 《렉서스와 올리브나무》가 적잖은 충격을 안겨 주었다. 렉서스로 상징되는 현대적 세계화 시스템과 올리브나무로 상징되는 오래된 문화, 역사 사이에서 생기는 긴장과 충돌을 묘사한 이 책은, 나에게 글로벌 시장에 대한 눈을 뜨게 해 주었다. 20년 전에 출간된 책이지만 저자가 세계 곳곳에서 보고 듣고 겪은 세계화에 대한 명쾌한 해석이 놀라웠고, 그가 진단하는 문제들을 고민하면서 국경이 사라지는 세계화 속에서 나는 어떻게 고객들을 상대해야 할지에 대해 다시금 생각해 보는 계기가 되었다.

책에서 소개하는 재미있는 일화 중 하나는, 미국 남부지방에 사는 사람이 콜센터에 전화를 하면 보통 그 지역 사투리 교육을 받은 상담원이 응답을 한다는 것이었다. 전화를 건 사람이 자기 지역 사람과 이야기하고 있다는 느낌을 주기 위해서다. 고객이 최대한 편하게 쇼핑하도록 돕기 위해 영어, 중국어, 일본어를 가르치는 것도 모자라 사투리까지 가르칠 생각을 하다니 몹시 놀라운 사례였다.

물론 빠른 세계화로 인해 지나치게 많이 연결되거나, 단절되거나,

간섭하는 문제들이 생겨 중국에서 한국으로 전화해 보이스 피싱 등의 사기가 벌어지는 사건이 생기기도 하지만, 나에겐 세계화와 문명의 발전 덕분에 외국에 있는 고객들과 SNS 등으로 편하게 소통하고 고객의 니즈를 파악할 수 있다는 점에서 세계가 점점 좁아지고 있다는 것은 반가운 일이다. 그런 면에서 현재 지구 반대편에 있던 고객이 내일 당장 내가 근무하는 매장에 방문할 수 있다는 가정만 생각해도 정말 놀랍지 않은가. 세계는 결코 좁지도, 동시에 넓지도 않다.

고객의 뼛속까지 니즈를 파악하라

> 행복해지고 싶으면 남이 은혜 갚기를 기다리거나
> 남에게 은혜를 모르는 사람이라는 말을 하지 말고
> 남을 도와주는 즐거움만을 보람으로 삼도록 하자.
> – 데일 카네기

세상의 모든 직업은 평범하지 않다. 다만 일상의 쳇바퀴와 권태에 빠져 들어서 평범해질 뿐이다. 판매사원이라는 직업도 마찬가지다. 그냥 고객이 다시 오든지 말든지 아무 관심 없이 판매에 임한다면 보기에만 좋은 관상용 나무 한 그루를 매장에 들여놓은 것뿐이라 생각한다. 모든 직장인이 그렇겠지만, 판매사원 역시 좀 더 적극적이고 능동적으로 업무에 대해 생각하고 움직이는 자세가 필요하다.

처음 신사복 매장에서 근무할 때 고객들의 바지 기장을 줄이거나 늘이는 일 때문에 수선실 심부름을 자주 다녔다. 잘하는 것이 없을 때는 심부름이라도 잘해야 한다는 생각에서였다. 그때 문득 수선실에서 버려지는 바지 원단을 보며 '너무 아깝다. 분명 쓸모가 있을 텐데.' 하는 생각이 들었다. 이런 생각이 들자 머릿속으로는 계속해서 남은 바지 원단의 쓰임새를 찾고 있었다. 그때 불현듯 아이디어 하나가 떠올랐다.

당시 신사복 모든 브랜드에서는 원단을 작게 잘라서 만든 원단북을 각 매장에 배포했고, 그 원단으로 주문을 받기도 하고 실물과 비교해 주기도 했다. 나는 그 원단북에서 아이디어를 얻어 고객이 정장을 구매하고 바지 수선을 한 남은 원단으로 '구매 고객 원단북'을 만들었다. 노트에 고객의 이름과 연락처를 적은 뒤 고객이 구매해 간 제품의 원단을 작게 잘라서 붙이고 특이사항을 기재했다. 예를 들어 직업과 취미 등을 한눈에 알아볼 수 있도록 고객에 대해 기억하기 좋은 모든 것들을 기록한 것이다. 그 외에도 가족 동반 여부와 가족들의 특징을 적어두기도 했다. 물론 전산으로 고객 정보를 등록하는 시스템이 있었지만 전산 프로그램엔 고객의 특징을 디테일하게 기록할 수는 없었다. 마음먹고 고객 이름을 외우지 않는 한 계속해서 관심을 가지고 확인할 수 없었던 것이다.

나는 남은 원단들이 아깝게 버려지는 것에 대한 아쉬움과 고객 관리 전산 프로그램의 불편함에서 아이디어를 착안하여 '구매 고객 원단북'을 만들어 고객을 관리한 것이었지만, 이 작은 노트는 엄청난 효과를 안겨 주었다. 그날 하루 일과로 한 번씩 구매 고객 원단북을 넘겨

보면서 '아, 이분이 한 번 오실 때가 되었는데…….' 하며 생각을 했다. 그리고 그분이 방문해 주길 기대하면 며칠 안에 그분들이 틀림없이 매장을 찾아 주시곤 했다. 그것은 내가 무슨 신통력이 있어서 그런 것이 아니라, 나름 그 고객의 구매 시기와 구매 패턴을 어렴풋하게라도 파악하고 있었던 까닭이다.

고객이 방문했을 때 컬러가 비슷해서 어떤 컬러의 정장을 가지고 있는지 많이 헷갈려 하는 분들에겐 구매 고객 원단북을 보여 드리면서 색상 비교를 할 수 있게 도왔더니 정말 편하다고 좋아해 주셨다. 그 뒤로는 색깔만 비교한 후 입어 보지도 않으시고 결재만 한 뒤 수선해서 보내라고 하고 가시는 경우도 종종 있었다. 심지어 방문한 고객 가족의 안부까지 함께 물으면 그런 것까지 기억하고 있었냐며 더 큰 감동을 받고 돌아가시곤 했다. 그렇게 '구매 고객 원단 북'은 나만의 무기가 되었다.

사소하지만 사소하지 않은

사소한 것일 수도 있지만, 자투리 천을 활용하고자 생각해 낸 아이디어가 고객에게 좀 더 친근하게 다가갈 수 있는 요소가 되고, 고객은 나의 작은 행동을 통해 진심을 느껴 지속적으로 신뢰할 수 있는 관계로 나아가는 물꼬가 되었다. 그 일로 인해 나는 판매에 자신감을 갖고 어떤 일이든지 스스로 해낼 수 있다는 용기를 얻게 되었다. 이것이 단순히 물건을 팔기 위해서 한 행동은 아니었다. 진심으로 고객을 위해 어떻게 하면 좋을까 하는 진심에서 시작된 것이었다. 그렇기 때문에 고객은 물건을 사는 것을 넘어 더 큰 감동을 느낄 수 있었던 것이다.

다니엘 골만의 책 《감성지능》에 다음과 같은 일화가 소개되었다.

"찜통 같은 8월의 더위가 계속되고 있었다. 뉴욕의 메디슨가를 지나는 한 버스에 사람들이 올라타자, 운전기사는 반갑게 인사를 한다.

'안녕하세요. 어서 오십시오.'

그러나 더위에 지친 승객들은 제대로 답례조차 할 수 없을 만큼 짜증이 나 있다. 버스가 정기노선을 운행하는 동안, 운전기사는 여행안내를 하기 시작했다. '저기 저 상점에서는 죽여 주는 세일을 하고 있다느니, 어떤 박물관에서는 아주 흥미 있는 전시회가 열리고 있다느니.' 하면서 말이다. 그러자 '마법의 변화'가 일어났다. 승객들은 마치 여행을 떠나온 것처럼 즐거워했고, 내릴 때 만면에 웃음을 짓고 있었다.

승객들은 버스기사의 재치와 흥겨움에 감염이 된 것이다. 모든 사람들의 생각에는 버스기사가 특별한 직업이라고 생각하지 않는다. 다만 버스기사의 특별한 생각과 승객을 생각하는 행동이 평범한 버스기사가 아닌 재미있고 특별한 버스기사가 되는 것이다. 우리 스스로

chapter 2

가 작고 사소한 것을 지배하기 때문에 사소한 것 하나에도 남다른 시각으로 도전하고 그저 평범한 것을 평범하지 않는 직업으로 만들고 있다."

나 또한 지극히 평범한 판매사원으로 도전했지만 고객과 소통함에 있어서 게으름을 피우지는 않았다. 잠시라도 고객이 원하는 것이 무엇이지 생각하고 누군가의 마음을 얻기 위해서는 끈기 있게 자기계발도 게을리 하지 않았다. 고객에게 좀 더 가치 있는 서비스를 전달하기 위한 나의 노력 중 하나였다.

그러던 어느 날, 나는 브라이언 트레이시의 《백만 불짜리 습관》이라는 책을 읽다가 '사업의 성공과 실패는 습관 하나에 달려 있을 수도 있고, 무엇이든 끈기 있게 하고 디테일하게 파고들어야 한다'는 부분에서 큰 공감을 했다. 이미 상당 부분 고객을 위해서 하고 있는 것들이었지만, 내가 놓치고 있는 디테일한 것들이 무엇이 있는지 다시 한 번 고민했다.

그러다 보니 고객을 알아가는 과정에서 고객의 사이즈만 기억하고 매출을 얼마나 올려 주었는가만 기억할 게 아니라, 대화를 통해 직장, 취미, 학교, 가족 구성원, 자녀의 수뿐만 아니라 휴가는 어디로 다녀왔는지까지 알아두어야겠다는 생각이 들었다. 더 나아가 고객의 장롱 속에 어떤 컬러의 정장과 셔츠가 있는지, 내가 판매한 것은 넥타이

컬러뿐만 아니라 작은 무늬까지 기억하고 있어야 한다는 생각이 들었다. 그리고 그것을 원단북에 꼼꼼히 기록하고 그것을 고객에게 '내가 당신에게 관심이 많다'고 보여 주니 큰 감동으로 다가온 것이다.

덕분에 그들은 나의 충성 고객이 되어 매장이 발전하는 데 엄청난 도움을 주었다. 이렇듯 이제는 말뿐인 칭찬과 상품 설명만 잘하는 판매사원은 필요 없는 시대다. 따뜻한 가슴으로 고객과 소통하며 고객의 니즈를 뼛속까지 느낄 줄 아는 평범하지 않은 직원들이 필요하다.

대부분의 즐거움은 다른 사람들과의 행복한 관계에서 생겨난다고 한다. 반면 문제가 발생하는 경우는 그들과 불행한 관계에서 오는 것이다. 따라서 삶에 대한 모든 문제의 대부분은 결국 사람이다. 어떤 경우라도 서비스업을 하려면 나의 이익만 생각할 것이 아니라, 고객의 행복에 초점을 맞추어 그들의 욕구를 만족시켜 줄줄 알아야 한다.

한끝 틈새
디테일에 반하다

> 1,000명의 친구, 그것은 너무 적다.
> 한 명의 적, 그것은 너무 많다.
> – 터키 속담

처음 캐주얼 매장에 입사하여 고민한 것이 '어떻게 하면 다른 직원보다 더 큰 감동을 줄 수 있을까?'였다. 좀 더 정확히 말하자면 '나이 어린 직원들과 다르게 하려면 어떻게 해야 할까?'가 늘 고민이었다.

처음 판매 일을 시작할 때부터 다른 직원들보다 나이가 많아서 나보다 어린 고객들이 응대를 부담스러워하는 경우가 많았다. 오히려 매장의 젊은 직원들에게 응대받길 원하다 보니 어떤 차별점을 두고 어떤 타깃을 대상으로 해야 할지 많은 고민을 하게 된 것이다. 그 결과 백화점에는 젊은 친구들만큼이나 나이 지긋한 분들이 많이 오신다는 점을 착안하여 그분들을 대상으로 서비스를 제공해야겠다고 결심했다.

어느 날 중년의 신사 한 분이 셔츠를 구매하러 오셨다. 나는 셔츠 단추를 하나하나 끝까지 정성을 다해서 끼워 드렸고, 고객이 편안하게 옷태를 볼 수 있도록 연신 매무새를 만져 주었다. 그러나 고객님은 '남방 하나 사면서 이런 서비스를 받기는 처음'이라고 말씀하시며 입혀 드린 셔츠를 기분 좋게 구매하신 후 돌아가셨다.

그때 나는 깨달았다. 고객 감동은 큰 데서 오는 것이 아니라 작은 정성 하나에 마음이 움직인다는 것을 말이다. 그 후 나는 작은 것 하나에도 정성을 다하려고 노력했고, 매장을 직원이 아닌 사장 마인드로 섬세하게 보기 시작했다. 그뿐만 아니라 나이 어린 직원들이 놓칠 수 있는 부분 역시 놓치지 않고 캐치하였더니 비교적 어린 손님들도 나의 응대를 좋아하기 시작했다.

처음에 어린 고객들이 어린 직원들을 선호한다는 나의 착각과 달리, 비교적 젊은 고객들의 경우 직원이 딱 붙어서 응대를 하기보다는 스스로 충분히 살펴본 후 자신이 원할 때만 직원이 다가오길 원한다는 것을 깨달았다. 무엇이든 친절하게 고객 곁에 붙어 있는 것만이 능사가 아니라는 것을 알고 난 뒤부터는 고객의 발치에서 조금 떨어져 있다가 고객이 고개를 조금이라도 두리번거리거나 사이즈를 찾으려는 눈치가 보이면 재빠르게 다가가 원하는 것을 해결해 주니 '언니는 어떻게 말 안 해도 다 아세요?'라는 칭찬까지 듣게 되었다.

신사복 매장에서 근무할 때 역시 남자들이 놓치는 부분이 무엇일까 곰곰이 생각해 본 후 실행에 옮겼다. 고민 끝에 테이블 위의 주전자, 커피 캔디 하나에도 정성을 들였다. 신사복이다 보니 모든 고객들의 수선증을 작성해야 했다. 기성복이라 해도 바지 길이나 소매 길이 등은 반드시 수선해야 했기 때문이다. 그때 저렴한 볼펜으로 똥을 닦아 가며 수선증을 쓰는 것을 보고 그 길로 남들과 다르다는 것을 강조하기 위해 그때 당시 15만 원 상당의 볼펜을 직원들에게 선물로 사주었다.

"고객 수선증 쓸 때 무조건 이 펜으로 써야 해."

처음 직원들은 그런 걸로 고객들이 좋아할까? 하며 반신반의했지만 고객들의 반응은 바로 왔다. "이 매장은 펜도 좀 고급스럽네요. 나도 이거 쓰는데." 하며 기분 좋은 얼굴로 반응해 준 것이다. 고객의 칭찬에 작은 물건 하나라도 남들과 다르게 챙겨 보자고 다짐하길 잘했다는 데 어깨가 으쓱해졌다. 물론 그것이 매출에 얼마나 도움이 될지는 모르지만, "보기 좋은 떡이 먹기도 좋다"는 말처럼 좀 더 대접받는 기분이 드는데 싫어할 고객은 없다는 확신은 있었다.

그리고 정장을 판매하다 보면 꼭 셔츠나 타이를 연결 판매하곤 한다. 셔츠부터 넥타이, 정장을 아래위로 입은 고객들을 살펴보며 아쉬운 것이 하나 있었는데, 옷을 입은 고객들을 보면 '행커칩이 하나 있으면 더 멋질 텐데.' 하는 생각이 들었다.

그러던 어느 날, 본사 영업회의를 갔다가 디자인실에 들리게 되었다. 셔츠 원단들이 여기저기 있는 것을 보고 디자인 실장님께 "저 남은 원단을 손바닥만 하게 잘라서 박음질을 해 주실 수 있느냐?"고 묻자 흔쾌히 그렇게 해 주겠다고 하셨다. 나는 그것을 받아서 꼭 필요한 분들에게 코디를 해 주었더니 정말 멋져 보인다고 좋아하셨다. 당시 행커칩을 판매하는 곳이 없었기 때문에 고객들은 더 좋아했다.

이 매장은 대박날 거야

보이지 않는 것까지 긁어 주니 주변으로 소문이 번져 갔다. 충성 고객이 생겨났고 그 고객들이 친지나 회사 동료들을 소개해 주기도 했다. 몇 번이고 강조하지만 고객 감동은 멀리 있지 않다. 쇼핑하는데 불편함이 없게 해 주는 것이다. 그리고 고객이 원하는 것을 말로 하지 않아도 입에 넣어 주듯 찾는 것이다.

나는 평소 아이디어가 많았고, 그 아이디어를 고객들이 원하는 방향으로 실천했다. 그것은 대부분 '고객 구매 원단북'이나 '행커칩'의 경우처럼 사소한 것에서 시작되었다. 진짜 소소한 것에서부터 감동이 나온다는 진리를 알고 있었기 때문이다. 그때부터 나는 고객을 바라보는 눈을 애정 어린 나만의 돋보기로 바라보며 남들이 보지 않고 놓치는 부분을 끊임없이 찾았다.

언젠가 노신사 고객님께서 피팅룸에서 바지를 입고 나오는데 구두를 신으면서 구둣주걱을 찾으셨다. 허리가 아프신지 중간 길이의 구둣주걱으로는 길이가 짧아서 사용하기 불편해하시는 걸 보았다. 그날 저녁, 나는 곧바로 시장에 가서 서서도 구두를 편하게 신을 수 있는 길이가 긴 구둣주걱을 구입하여 비치해 두었다. 반응은 그 다음날 바로 나왔다. 수선을 마친 정장을 찾으러 오셨을 때 바로 그분께서 말씀하셨다.

"헤라(구둣주걱)가 바뀌었네."

"아, 고객님. 어제 허리가 불편하신 것 같아서 바로 긴 걸로 구입했어요."

그랬더니 고객님께서는 "이 매장은 대박 날 거야"라며 덕담을 해주고 가셨다. 기분 좋게 정장을 찾아가시는 뒷모습을 보며 나는 회심의 미소를 지었다.

나는 무엇이든 아닌 것 같으면 망설이지 않고 고치는 성격이다. 또 좋은 것은 스펀지처럼 흡수해 생활에 바로 적용하는 스타일이다. 그러다 보니 나의 이런 급한 성격 탓에 직원들이 힘들어 할 수도 있다. 하지만 고객이나 우리 모두에게 이로운 일이라면 망설이지 않고 추진하는 나의 이런 면이 이 바닥에서 오랫동안 살아남을 수 있었던 큰 원동력이자 장점이라는 것을 나는 알고 있다. 그래서 나는 우리 매장과 인연이 되는 모든 분들이 즐겁게 쇼핑을 했으면 좋겠다는 바람과 우리 매장을 떠올릴 때 웃으며 반기는 표정을 떠올렸으면 좋겠다는 생각을 하면서 나부터 행복 바이러스를 전파하려고 노력한다.

안병민의 저서 《마케팅 리스타트》에서 '마케팅은 고객 행복'이라고 말한다. 진정한 고객 행복이란 고객의 고통, 고민, 고충을 찾아 해결해 줌으로써 그들을 행복하게 만들어 주는 것이라는 것이다. 비슷한 환경에 받는 비슷한 서비스는 이제는 아무 쓸모가 없어졌다. 그렇기에 틈새를 찾아야 한다. 틈새가 커지면 판이 된다. 남들의 트랜드를 따라갈 게 아니라 틈새를 파고들어서 나만의 판, 나만의 트랜드를 만들어야 한다고 말이다.

이젠 고객에게 묻지 말자. 고객의 삶에 가만히 현미경을 들이대고 그들을 애정 어린 시선으로 지켜보자. 이렇듯 이제는 경쟁사들의 서비스를 따라 하기만 하는 식상한 서비스는 버려야 한다. 고객이 행복할 수 있게 차별화된 틈새를 찾아야 한다.

통 크게 베풀어라. 몇십 배로 좋은 평판을 들을 것이다!

친절을 베풀려면 이보다 친절할 수 없을 만큼 하라. 인색한 마음으로 쩨쩨하게 굴면 당신의 진심은 전달되지 않는다.

"볼펜 좀 빌려주세요"라고 부탁해 오면 "그냥 두고 쓰세요. 저는 또 있으니까요." 하고 말해 보라. 몇백 원밖에 하지 않는 볼펜이지만, 그 적은 돈으로 상대방의 환심을 살 수 있다면 이 얼마나 행복하고 경제적인 일인가.

오스트리아 남동부에 있는 울롱공 대학Wollongong University의 폴 패터슨Paul Patterson 교수는 다수의 소비자를 대상으로 설문조사를 한 적이 있다. 조사 결과, 상품 구매 후 만족감을 느낀 고객의 74퍼센트는 주변에서 좋은 소문을 들은 사람들이며, 그 역시 주위에 입소문을 좋게 내 주었다는 것이 드러났다.

이렇듯 친절을 베풀면 상대는 당신이 없는 곳에서 좋은 소문을 퍼뜨려 준다. 당신의 홍보대사가 되어 준다는 뜻이다. 이보다 더 큰 장점이 어디 있을까.

타인에 대한 배려와 친절은 당신 자신의 미래에 투자하는 일임을 명심하라.

순간적으로는 '나만 손해를 보는 것' 같은 착각이 들지도 모르지만 절대 그렇지 않다.

나이 토 요시히토의 글에서

chapter 3

세일즈에 대한 나의 소견

판매자의
기본 자세

> '고객을 잘 보살피라'고 주문한들
> 제대로 효과를 거둘 수 있다고
> 생각해 본 적이 나는 없다. 보살핌은 애정이다.
> 기업들은 지난 수세기 동안 애정은 위임할 수 있는 것이
> 아니라는 사실을 잊고 있었다.
> – 핼 로즌블러스

'아브라 카타브라!' 서양에서 흔히 마술을 할 때 주문으로 쓰는 말이다. 그 말은 '말한 대로 이루어진다'는 뜻인데, 우리 식으로 표현하면 '수리수리마수리'쯤 되는 주문이라고 할 수 있다. 그런데 재미있는 것은 이 말이 우리 뇌 속에 잠들어 있는 잠재의식을 자극해서 잠들어 있던 능력을 일깨우는 힘이 있다는 것이다.

뇌 과학자이자 일명 입버릇 박사라 불리는 사토 도미오는 《기적의 입버릇》이란 책에서 "소리 내어 말할 때 꿈은 이루어진다"고 서술했다. 그가 전하는 바에 따르면 우리 뇌에는 자신의 꿈에 반응하는 '뇌 안테나'가 있어서 상상을 현실화하는 힘이 있다는 것이다. 실제 우리

속담에도 "말이 씨가 된다"는 말이 있지 않은가. 이처럼 긍정적인 문구, 나에게 힘이 되는 문구를 매일 반복해서 이야기하면 그 일이 현실이 될 가능성이 더욱 높아진다. 나 역시 매일 아침마다 "오늘은 왠지 좋은 일이 생길 거 같아. 난 할 수 있어!"라고 외치면 말뿐이지만 뭔가 이루어질 것 같은 기분이 든다.

나는 《시크릿》이나 《기적의 입버릇》 같은 책을 보기 전부터 '나는 잘될 수밖에 없는 사람이다.', '나는 삶이 선사하는 모든 좋은 것을 누릴 자격이 있다'라는 말을 아침마다 빠짐없이 반복했다. 처음에는 낮아진 자존감을 높이기 위해, 스스로에게 기운을 불어넣기 위해 한 말이었지만 하면 할수록 그 말이 현실처럼 느껴지고 종종 놀랄 만한 일이 이루어지곤 했다. 그래서 더욱 긍정 마인드를 일깨우는 자기암시가 자신이 원하는 것을 이루기 위한 가장 좋은 방법이란 확신을 갖게 되었다.

그래서 나는 매일 아침 출근 전에 반드시 '나는 잘될 수밖에 없다'고 외친다. 그리고 한바탕 크게 웃는다. 일을 시작할 때부터 버릇처럼 반복한 나 자신과의 약속이기도 하고, 또 하루를 열심히 살아야겠다는 다짐을 입 밖으로 내뱉고 나면 왠지 초심으로 돌아가는 느낌이 들기 때문이었다.

나는 함께 일하는 직원들에게도 이 방법을 권했다. 《시크릿》이나 《기적의 입버릇》 같은 책을 그들에게 선물해 주면서 그들의 내면에

chapter 3

잠재되어 있는 힘을 꺼내 주고자 노력했다.

고객이 매장에 방문했을 때 매장의 분위기를 판단하는 항목이 바로 판매사원의 첫인상과 미소, 그리고 따뜻한 목소리이다. 위의 세 가지를 보고 느낀 후 내가 이 매장에서 상품을 구매해도 괜찮을지 잠깐 생각하게 되는 것이다. 만약 매장의 얼굴인 판매사원이 표정을 찌푸리고 있거나 건성으로 손님을 응대할 경우, 손님 입장에서는 그 매장에서 물건을 구매하고 싶은 마음이 사라지고 심지어 물건을 구매하고 싶은 욕구조차 달아나게 만든다.

판매사원은 기본적으로 사람을 좋아하는 마음, 나를 사랑하듯이 고객을 사랑하는 마음을 지니고 있어야 한다. 그래서 나는 직원들에게 '나는 고객을 사랑한다'라는 주문을 매일 아침 외우게 했다. 처음 직원들에게 문구를 내뱉게 했을 땐 낯간지러워하며 '과연 이게 효과가 있을까요?'라며 의문을 제기했지만, 몇 번 반복적으로 말하고 난 뒤엔 부끄러움도 사라지고, 고객을 사랑한다는 말이 머릿속에 콕 박혀 진심으로 고객을 응대할 뿐만 아니라 평소보다 표정도 밝아졌다. 그리고 시간이 갈수록 처음과는 비교할 수 없을 정도의 놀라운 성과를 냈다.

인간의 상상력은 항상 '말'과 직결되어 있다고 한다. 자신이 원하는 것을 자꾸 입버릇처럼 되뇌면 뇌는 그것을 믿고 반응한다. 그래서 꿈을 소리 내서 말하면 '뇌 안테나'가 작동을 해서 그것이 새로운 현실을 만들어 낸다는 것이다.

《기적의 입버릇》의 사토 도미오는 "뇌의 대부분은 의식보다 잠재의식이 차지한다. 말은 잠재의식을 자극한다. 인간의 뇌는 상상과 현실을 구분하지 못한다. 상상만으로 운동 효과를 낼 수 있고, 상상만으로 학습 능력을 높일 수 있다"고 했다.

우리의 뇌는 생각보다 단순해서 문장 속의 주어를 이해하지 못한다. 가령 당신이 '나는 세상에서 가장 멋진 여자야'라고 생각하고, 그 말을 항상 입버릇처럼 되뇌면 그 말은 잠재의식 속에서 진실이 된다. 나는 어떤 행동을 자기암시를 하면서 입버릇처럼 말하면 그것이 정도의 차이는 있지만 반드시 이루어진다는 것을 매장 직원들의 행동을 통해 목격하게 되었고, 그 이후로는 10여 년간 매니저 일을 하면서 함께 일하는 직원들에게 이 방법을 실천하도록 권하고 있다.

1초의 친절도 망설이지 마라

사실 판매사원에게 친절함은 기본이다. 백화점을 찾는 고객이 원하는 것은 쇼핑의 즐거움도 있겠지만 자기가 노력해 온 삶에 대한 보상으로써 대접을 받기 위함일 수도 있다. 그들에게 백화점에서 물건을 구매할 때 가장 중요하다고 생각하는 것이 무엇이냐고 물으면 상당수가 '판매사원의 친절함'이라고 대답한다. 이 세상에 친절보다 더 강한 것은 없다.

마크 트웨인은 "친절이란 귀먹은 사람이 들을 수 있고 눈먼 사람이 볼 수 있는 언어"라고 말했다. 고객은 의무적인 친절보다 마음 깊은 곳에서 우러나는 친절과 배려를 본능적으로 구분할 수 있다는 것을 반드시 기억해야 한다.

개인적인 신념 중 하나는 매장에 방문한 고객에게 작은 것 하나라도 불편하게 해선 안 된다고 생각한다. 구매를 하고 안 하고의 문제는 이차적인 문제다. 먼저 구매 욕구를 가질 수 있도록 판매사원이 적극 나서서 고객에게 편안한 분위기를 제공해 주어야만 당장 물건을 구매하지 않더라도 재방문이 유리하기 때문이다. 좋은 기억을 가지고 있다면 '여기 지난번에 괜찮았던 것 같은데, 이번에 한번 다시 가 볼까.' 하는 마음이 들 가능성이 높다. 그러므로 그 다음에 방문한 고객에게 이전과 똑같이 친절하고 따뜻한 마음으로 응대하면 구매 적중율이 높아지는 것은 당연한 일이다.

그런 면에서 판매사원은 적극적인 친절을 베풀고 고객을 잘 보살핀다는 따뜻한 마음이 있어야 한다. 판매사원은 '나는 당신에게 관심을 가지고 있다'는 마음을 고객에게 전달할 수 있어야 한다. 고객과 약간의 거리를 두고 한시도 눈을 떼지 말고 고객의 행동을 놓쳐서는 안 된다. 잠깐 먼 산을 보고 다른 생각을 하는 것도 고객은 감각적으로 알아차린다. 그렇게 될 경우 '여긴 손님한테 관심도 없네.' 하는 생각이 들어 구매욕을 잃어버리고 다른 매장을 찾게 된다.

물론 고객의 일거수일투족을 감시하듯 지켜보며 달라붙듯이 따라다니라는 것이 아니다. 약간의 거리를 두되 시선과 귀는 고객에게 집중하고 있어야 한다는 뜻이다. 사이즈라도 물어보려는 의도가 보이면 묻기 전에 먼저 행동하는 것, 이것이 고객이 느끼는 편안함이다. 고객이 말하기 전에 고충을 먼저 알아봐 주었을 때 최고의 서비스가 나올 수 있다.

일반적으로 이런 최고의 서비스가 나오는 매장은 매출도 높은 편이고, 불황이 닥치더라도 지혜롭게 넘기는 노하우가 있다. 판매사원들의 능동적인 모습이 매장을 활력이 넘치는 매장으로 만들기도 하지만 혹시라도 고객이 없을 때 이런저런 핑계를 늘어놓기보다 내가 무엇이 부족했을까? 반성하며 작은 것 하나라도 개선하려는 의지가 보인다. 베스트 판매사원들은 고객이 최선의 선택을 빠르게 할 수 있도록 돕는다.

왕젠쓰의 《매장 대화법》엔 저자가 직접 백화점을 방문했다가 직접 겪은 일화를 소개한다.

"퇴근을 앞두고 있는 직원들과 마주쳤다. 하루 종일 서 있느라 직원들은 심신이 몹시 피곤했을 터였다. 나도 그런 사정을 염두에 두고 조심스럽게 판매원에게 다가가 순모 양복 한 벌의 가격을 물었다. 판매원은 제자리에 그대로 선 채 옷을 힐끗 쳐다보고는 건성으로 가격을 알려 주었다. 나는 내심 기분이 상했지만 일부러 그녀에게 다시 물어보았다.

'너무 비싸군요. 이렇게 좋은 물건은 필요 없는데, 더 싼 것은 없습니까?'

놀란 표정으로 그녀가 말했다.

'이게 비싸다고요? 여기 있는 물건은 거의 다 그 정도 가격이에요. 그보다 훨씬 비싼 것도 있는 걸요.'

'미안합니다, 아가씨. 저는 그렇게 비싼 물건은 사고 싶지 않거든요. 좀 더 저렴한 것은 없습니까?'

그녀가 정색을 하면서 짧게 내뱉었다.

'없어요, 그 옆 가게로 가보세요.'

그녀는 말을 마치기가 무섭게 돌아서더니 더 이상은 귀찮다는 듯 눈길도 주지 않았다. 졸지에 내쳐진 나는 어이가 없었다."

저자는 말한다. 판매사원은 매장에 들어오는 고객을 선택할 수 없다는 것을. 판매사원은 오직 모든 고객에게 친절을 다해야 할 뿐이며, 만일 판매사원이 그때그때의 상황이나 일시적인 감정을 효과적으로 조절하지 못한다면 친절은커녕 고객을 무시하는 결과를 낳을 수 있다. 따라서 모든 것을 고객 중심으로 삼는 판매원으로서 자신의 본분을 한시도 망각해서는 안 된다고 전한다.

어떤 환경이든 우리를 힘들게 하는 것은 다른 경쟁사나 고객이 아니다. 결국은 나 자신, 즉 판매하는 사람들의 마음가짐에 달려 있다는 것이다. 판매사원이 어떤 자세로 매장에서 임하느냐에 따라 불황을 이길 수 있다. 우리는 진심으로 매장에 임할 때 주인의식을 가지고 일하고 있는지 꼭 한 번은 생각해 보고, 아니라고 생각이 들었으면 당장 주인의식을 가지고 일하겠다고 스스로 다짐해야 할 일이다. 단 몇 달만이라도 주인의식을 갖고 일하는 것만으로도 성과에는 커다란 변화가 있을 것이다.

물론 내 것과 남의 것 차이는 있을 수 있다. 그러나 마음이라도 조금만 긍정적으로 변화시켜 '나는 이곳의 주인이다. 나는 사장이다'라는 자기 주문을 걸고 일해 보기를 권장한다. 며칠 만에도 달라진 나를 발견할 수 있을 것이다.

내가 처음 백화점 일을 시작했을 때 아무것도 모르는 가운데에도 8개월 만에 매니저가 될 수 있었던 것은 주인 의식을 갖고 매사에 임했기 때문이다. 누구보다 일찍 출근하여 직원들의 손과 발이 되어 주었다. 수선실 심부름부터 바닥 닦는 일까지 했고, 그 모든 잡다한 일을 하면서도 싫은 내색 한 번 안 하고 묵묵히 하루하루를 배우는 자세로 최선을 다했다. 그랬더니 고객들도 나의 이러한 부분을 알아봐 주기 시작했다. 그 결과 함께 일하는 동료들 역시 나의 성실함을 인정해 주었다.

이런 기본적인 것들을 잊지 않고 꾸준히 해 나갈 때 내가 목표하고 있는 최고의 자리까지 갈 수 있을 것이라고 확신한다.

상품을
더 돋보이게 하라

> 우리는 각자에 맞는 방법으로
> 자신의 능력을 발휘하면 된다.
> – 오쿠마 고토미치

매장에서 상품 진열은 과학이자 마술이다. 특히 패션 매장의 경우는 고객의 시선에 가장 예쁘게 보일만한 옷을 마네킹에 입혀야 한다. 사람은 누구나 좋아 보이고 자신의 취향에 맞는 것에 끌린다. 그런데 왜 그게 좋아 보이는지, 어떻게 고객의 취향을 사로잡아야 하는지 설명하는 건 쉽지 않다. 디자인이 좋아서, 색이 강렬해서, 트렌드에 맞아서, 제품의 질이 좋아서, 광고를 많이 하기 때문에 등등 많은 이유가 있지만 나는 왠지 좋아 보이지만 왜 좋아 보이는지 이유를 모르겠는 것들에 대한 해답을 이랑주의 《좋아 보이는 것들의 비밀》에서 얻었다.

이랑주는 대규모 프랜차이즈부터 전통시장의 작은 가게까지 컨설팅을 하고 있는 한국 최초의 비주얼 머천다이징 전문가다.《좋아 보이는 것들의 비밀》은 사람의 기억 속을 파고드는 이미지의 비밀을 시원시원하게 밝히고 있다. 그중 가장 인상적인 문구 하나를 소개한다. 판매사원으로 고객에게 물건을 팔 때 내가 가장 중요하게 생각하는 가치관과 맞닿는 부분이기도 하다.

"좋아 보이고 예뻐 보이는 것은 겉모습만 치장한다고 되는 게 아니다. 본질을 느껴서 '좋다!'라는 감탄사가 나오게끔 하는 게 중요하다. '왜 나는 사람들에게 말을 걸려고 하는 건지?' '나는 이 제품으로 사람들에게 어떤 가치를 전달하려는 건지?' 이런 고민들을 하지 않으면 어떤 비주얼도 소용이 없다. 그리고 그 질문을 던질 때 절대 잊지 말아야 할 것은 사람에 대한 배려다. 모든 것은 사람을 향해야 한다."

마케팅에서도 결국 가장 중요한 것은 고객의 머릿속에 해당 브랜드와 상품을 기억시키는 일이다. 한 번 보고서도 잊히지 않도록, 세월이 지나도 머릿속에 남아 있도록 우리는 고객의 감각 속을 파고들어야 한다. 좋아 보이는 것들 안에는 몇 가지 법칙이 숨어 있지만, 브랜드와 상품이 좋아 보여야 하는 궁극적인 목적은 고객들에게 기억되기 위함임을 명심하자. 기억되지 않으면 팔릴 기회조차 사라진다.

매장의 상품의 존재를 각인시키기 위해서 분명한 메시지가 있는 매장 연출이 필요하다. 멋지게 연출할 수 있는 능력과 테크닉을 판매사원도 배워야 한다. 이것이 판매사원이 진정한 연기자이여야 하는 이유이다.

웰터 파월Walter powell이라는 오스트레일리아의 사업가는 가게의 외관이나 상품의 전시 방법을 바꾸는 것만으로도 매출을 높일 수 있다고 말했다. 과거에는 MDmerchandiser의 시대여서 상품 개발만 하면 소비자가 알아서 구매하던 시대였다. 그러나 지금은 VMDvisual merchandiser의 시대이다. 상품 개발뿐만 아니라 상품을 돋보이게 연출하는 능력을 판매사원이 갖추어야 할 조건이 되었다.

예전에 정장 매장에서는 창고 형식으로 상품을 나열하곤 했다. 모든 매장에서 그렇게 했기 때문에 이러한 창고 형식의 상품 나열이 당연한 것인 줄 알았다. 나 또한 처음에는 창고식 배열로 정리를 했다. 그러나 언제부터인가 남성들에게 비즈니스 캐주얼 착장이 유행하기 시작하면서 정장 매장에서도 풀 코디 연출로 디스플레이할 것을 요구하기 시작했다. 풀 코디 연출이란 상품을 한눈에 알아볼 수 있게 진열하는 것으로, 흔히 마네킹에 손님들이 구매 욕구를 일으킬 수 있도록 코디와 액세서리를 함께 결합하여 진열해 놓는 방식이다.

물론 처음부터 이 지시가 반가웠던 것은 아니다. 창고 형식의 상품 나열에 비해 손이 갈 것도 많고, 고민할 것도 많아 일부 매장에서는 불만 섞인 의견을 표출하기도 했다. 무슨 정장에서 여성복 같은 디스플레이가 필요하냐며, 정장 특유의 고급스러운 분위기를 해칠 수 있다는 이유였다.

하지만 나는 백화점과 본사에서 원하는 대로 실천했다. 내 눈엔 풀코디 창작 방식이 나름 럭셔리해 보이기도 했고, 단품으로 나열해 두었을 때보다 연결 판매가 이루어지니 판매하기가 수월했다. 손님들 중에서는 스스로 코디해 입는 걸 어려워하는 분들이 많았는데, 마네킹을 보고 들어와서 "저 마네킹에 코디된 그대로 포장해 주세요"라고 요구하는 일도 비일비재해졌다.

이전 같았으면 손님에게 맞는 정장을 추천해 드리고, 그에 맞는 와이셔츠와 넥타이까지 골라 몇 개씩 보여드렸다면, 마네킹에 정장과 액세서리를 함께 매치한 것을 직접 보여 주는 것만으로도 큰 효과를 누릴 수 있었다. 당장 구매하지 않더라도 "지난번에 이 앞에 걸려 있던 거 괜찮았는데, 그거 지금도 구매할 수 있나요?" 하고 물어보시는 분들도 더러 있었다.

상품을 돋보이게 하는 것, 그리고 그것들을 조화롭게 만들어 좋아 보이게 만드는 것이 상품을 판매하는 입장에선 무척 중요하다. 그러므로 각 브랜드 연출 시 본사의 기획의도와 철학을 정확히 숙지하고 매장 상품을 돋보이게 만드는 방법을 고민해야 한다.

실패했기 때문에 배울 수 있었다

나 역시 아웃도어 브랜드 매니저를 처음 시작할 때 실패한 경험이 있다. 당시 나는 나름 정장 매장에서 오랜 경력을 쌓아왔고, 정장 매장에서 성공한 것에 대한 자부심에 가득 차 있었다. 종류만 다르다 뿐이지 고객에게 옷을 판매하는 가치는 같으므로 아웃도어를 만만히 본 것이었다.

처음 인수인계를 받고 의욕에 찬 나는 매장 분위기를 완전히 바꾸어 보겠다며 내 방식대로 디스플레이를 했다. 그런데 그날, 본사 직원들이 매니저가 새로 왔다는 소식을 듣고 일부러 내가 있는 매장을 방문했다. 나는 자랑스럽게 내가 한 디스플레이 방식을 설명해 주었다. 그런데 본사 직원들의 반응이 떨떠름했다.

그들은 '카테고리를 나누어서 연출했어야 하는데 제품들이 뒤죽박죽 뒤섞여 있고, 컬러 구색만 맞추려고 하다 보니 스토리 연결을 안 했다'는 지적을 했다. 조금은 으스대는 기분이었던 나는 본사 직원들의 한마디 한마디에 쥐구멍에라도 들어가고 싶었다. 다시금 생각해 보니 브랜드 철학을 읽지 못하고 눈에 보기 좋아 보이는 것들만 색깔 맞춰 마네킹에 걸어 놓은 것이나 마찬가지였던 것이다. 본사 직원의 입을 통해 이번 시즌 제품들의 설명과 어떤 콘셉트를 가지고 부분을 정리했는지 이야기를 듣고 나니 충분히 이해가 되었다.

그날의 체험은 나에게 귀중한 자산이 되었다. 그날 이후 나는 '어떻게 상품을 돋보이게 할까?', '제품이 고객의 눈에 잘 띄고 고객의 손에 즉각 와닿게 하기 위해서 어떻게 할까?', '그리하여 고객이 즐거운 마음으로 제품을 손에 넣기 위한 비용을 치르게 만들려면 어떻게 해야 할까?'에 대한 고민을 하기 시작했다. 고객의 시선이 왼쪽부터 보는지, 아니면 오른쪽부터 보는지와 같은 기본적인 것들부터 공부해 나가기 시작하니 얽혀 있던 고민들이 술술 풀려나가는 느낌이었다.

또한 고객이 어떻게 하면 매력적인 상품을 보고 매장 안으로 들어와 오랫동안 머물 수 있는지?, 어떻게 하면 이번 시즌 브랜드의 스토리를 고객들이 재미있고 흥미롭게 받아들일 수 있을지?에 대한 고민도 끊임없이 했다.

고민 끝에 내가 내린 결론은 결국 잘 보여야 잘 팔리고, 보고 싶고 고르고 싶게 해야만 사기도 쉽다는 것이다. 예를 들자면 가장 주력해야 할 상품과 시즌에 맞는 상품, 유행하는 상품을 고객이 만지기 쉽게 연출을 할 줄 알아야 한다. 어버이날이 되면 시즌 상품을 남녀 커플룩으로 연출하여 선물 상자에 담아 고객의 시선이 닿는 정면에 배치하는 것처럼 말이다.

그리고 고객들에게 조금이라도 다양한 상품을 보여 주려고 시즌이 지난 상품을 매장에 보유하고 있는 경우도 종종 볼 수 있는데, 오히려 그런 상품으로 인해서 다른 상품이 빛을 못 보는 경우도 있으니 과감하게 시즌이 지난 상품은 정리해야 한다. 이랑주의 《좋아 보이는 것들의 비밀》에서 〈45° 각도와 76cm 높이의 마법〉이라는 대목이 나오는데 아래에 소개한다. 이 글은 나에게 VM의 디테일이 무엇인가를 제대로 가르쳐 준 구절이다.

"76cm 효과는 이것으로 끝이 아니다. 조명이 낮아지면 사람들은 자연스럽게 조명 아래로 몸을 기울인다. 가까이에서 얼굴을 보고 눈을 마주치며 음식을 먹게 된다. 더 큰 친밀감을 느끼고 더 많은 이야기를 나누게 되는 것이다. 맛있는 음식과 더불어 은은한 조명 아래에서 오고간 많은 이야기는 그곳에서 보낸 시간을 매우 행복하게 기억하도록 만든다. 76cm의 높이의 조명이 손님들에게 추억까지 선사하는 것이다. 그리고 이 추억은 다시 가게를 찾게 해 주는 가장 강력한 무기가 된다."

모든 판매사원이 VMD가 될 수는 없겠지만 마케팅의 목적을 효율적으로 달성하려면 판매사원 역시 무대 뒤의 스페셜리스트로 변신해야만 하는 시대이다. VMD가 어렵게 느껴질 수 있지만, 사실 원리는 간단하다. 현재 내가 쉽게 실천하고 있는 VMD의 가장 중요한 3가지 팁을 주자면 마네킹 전면이 VP(주연 배우), 벽면의 연계 상품들이 PP(조연 배우), 매장의 전 상품 IP(전 출연자)로 분리할 수가 있다. 주연 배우는 유행 상품으로 멋지게 연출하고, 조연 배우는 연계 상품으로 맛깔나게 연출을 한다.

그리고 마지막 전 출연자인 매장 내 행거에 진열된 옷들로 연출을 하면 되는 것이다. 결국 매출은 전체 출연자들이 있는 곳에서 가장 많이 난다. 멋진 주연 배우를 보고 들어와서 벽면 쪽으로 조연 배우들의 풀 코디 연출로 연계 상품 매출을 올리기도 한다. 일단 주연 배우에게 돋보이게 연출하는 것이 가장 중요하다는 것을 잊지 말아야 한다. 고객의 시선을 사로잡을 수 있게 인기 상품, 즉 주력 상품으로 시선을 고정시킬 수 있어야 다른 상품들도 빛을 볼 수 있다.

각자 브랜드의 판매사원들의 생각은 틀릴 수 있지만 우리가 하나가 되어야 할 생각은 내가 근무하는 브랜드 철학 정도는 숙지하고, 본사에서 지시하는 VMD 연출은 최대한 유지해 주어야 한다고 생각한다. 적어도 그들은 그 분야에서 4년제 대학과 유학 등의 학습 과정을 거친 전문가들인데다 해당 브랜드의 시즌 상품을 만들고 그것들이 조화롭게 보일 수 있도록 몇 날 며칠 고민한 사람들이라는 건 분명하기 때문이다.

일을 하다 보면 본사 직원들이 직접 방문하여 시즌 분위기에 맞게 멋지게 연출해 주고 나면 곧바로 자기 스타일 아니라는 이유로 마네킹의 옷들을 다시 바꾸는 사례를 접하곤 한다. 나는 그럴 때면 '그렇게 못마땅하면 그만두고 본인 사업을 하라'고 말해 주고 싶다. 본사에서 진행하는 것들을 인정하고, 서로 협력해야만 함께 성장하고 매출도 만들어 갈 수 있다고 생각하기 때문이다. 그렇게 한다면 눈에 띄는 상품을 만들어 고객에게 효과적으로 판매하는 길은 그리 어렵지 않을 것이다.

코디네이터의 역할은 판매자의 의무이다

한 사람 한 사람의 화가마다 자신의 낙원이 있다.
그리고 빛깔을 조화시키는 것을 터득하게 된 사람은
확실히 한 세계의 화합을 말할 수 있는 것이다.
― 가스통 바슐라르

처음 백화점 판매사원을 시작했을 때의 일이다. 여자 고객이 남자셔츠를 구매하려고 매장에 방문했다. 함께 일하는 직원이 그 고객에게 "이거 드리면 될까요?" 하고 성의 없이 응대했다. 하지만 내가 보기에 그 고객은 판매사원이 권하는 상품보다는 다른 상품에 관심을 보였다. 그럼에도 담당했던 직원은 그것을 무시하고 자신이 미는 상품을 고객에게 계속 권하고 있었다. 결국 그 고객은 이것저것 살펴보다 그냥 매장을 떠났다. 그때 나는 생각했다.

'나라면 어떻게 응대를 했을까?'

여자 고객이 남자셔츠를 사러 왔으니 애인이나 남편에게 선물하려는 것이 아닌가. 여자는 남자셔츠에 대해 잘 모를 것 같지만 그렇지 않다. 여자는 세심하고 예민한 감각으로 상대방의 옷을 사 주고 싶어 한다. 그런데 매장의 직원은 그냥 선물을 사러 온 고객으로 취급하고 자신이 미는 물건을 살 것을 권한 것이다. 그냥 상품을 대충 팔고 포장해 주면 그것이 서비스는 끝일까? 절대 아니다. 나는 그 생각이 자꾸 머릿속에 맴돌았다.

다음날 고객 응대를 어떻게 하면 좋을지 고민하면서 어제 고객을 머릿속에 그렸다. 다른 상품을 자꾸 만지작거리는 모습을 떠올리며 내가 고객을 응대할 모습을 상상했다. 그때 당시 우리 브랜드는 선물이 많이 나가는 매장이었다. 그날도 어김없이 여자 고객이 선물용 남자셔츠를 구매하러 왔다. 나는 남자분의 신체 조건과 취향을 세세히 물어보고 셔츠를 권해 드렸고 고객은 만족스러운 표정으로 선물을 구매했다. 그런데 그 고객의 눈길이 자주 가서 꽂히는 곳이 있었다. 새롭게 출시되어서 걸려 있던 원피스였다. 그때 나의 서비스 정신이 발휘되기 시작했다.

"손님, 이번에 새로 나온 신상품이에요. 한번 입어 보실래요?"

친절하게 웃으면서 고객에게 시착해 보길 권했다.

"사지도 않을 건데요."

망설이는 고객에게 나는 다시 한 번 웃으며 말했다.

"안 사셔도 괜찮아요. 입어만 보세요."

chapter 3

그랬더니 고객은 "그럴까요." 하며 옷을 입어보려고 피팅룸으로 들어갔다. 나는 그 틈을 타서 그 원피스에 어울리는 가디건을 하나 준비해 피팅룸에서 나오기를 기다렸다. 원피스 입은 모습을 거울에 비춰보며 마음에 들어 하시길래 "안 사도 괜찮으니 이왕 입은 옷, 이것도 함께 입어 보세요." 하고 말하며 가디건도 함께 권해 드렸다. 그랬더니 코디가 너무 예쁘다고 좋아 하셨으나 다음에 오겠다며 선물만 사서 돌아가셨다. 원피스를 입어 보고 가디건을 권하는 수고는 있었지만 나는 전혀 아쉽지 않았다. 옷을 입어 보고 기뻐하는 고객의 모습을 본 것만 해도 기분이 좋았고, 옷 정리쯤이야 늘 하던 일이니 품이 든다 생각하지 않았다.

그런데 일주일 후, 그 고객이 매장에 다시 찾아와 나를 찾으셨다. 그 때 입은 원피스와 가디건을 구매하시겠다는 것이었다.

"그 원피스 입어 보고 계속 눈에 아른거려서 참을 수가 있어야죠. 이게 다 언니 때문이에요."

괜히 입어 봤다가 돈 쓰게 됐다며 고객은 기분 좋은 투정을 부리셨으나 고객은 기분 좋게 결제 후 돌아가셨다.

"무슨 좋은 일 있으세요?"

상황에 맞게 고객에게 질문을 하면 자연스럽게 고객과 거리가 좁혀지면서 서로의 이야기를 할 수가 있다. 처음엔 머뭇거리던 손님도 용도에 맞게 상품을 구매해야 한다고 이야기하면 자신이 정장을 구매하는 목적을 짧게라도 이야기해 주기 마련이다. 그 이야기를 잘 귀담아 듣고 정장뿐만 아니라 와이셔츠, 넥타이도 소개해 드리면 대체로 만족해하며 구매하곤 했다. 이것은 캐주얼 브랜드나 정장에만 국한된 것이 아니라 아웃도어도 마찬가지였다.

나는 그 후로 단품만 구매하러 오신 고객이라도 다른 것도 권해 보는 습관을 길렀다. 이런 경험을 거치면서 신사복으로 자리를 옮겨서도 이 방법을 적용을 하게 되었다. 딱딱한 느낌의 남성복을 어떻게 하면 예쁘게 코디를 할까 늘 고민했고, 경험이 쌓이면서 정장을 구매하는 모든 사람들에게 사연이 있다는 것을 알게 된 것이다. 그 후로 정장을 구매하러 오는 분들께 질문을 하게 되었다.

이렇듯 상품 하나 팔아서 매출을 올리기보다 늘 연결 판매를 염두에 두고 상품을 권하는 것도 한 방법이다. 일부 고객들은 "사지도 않을 건데 괜히 입어 본다"며 부담스러워할 수 있으나, 그럴 때면 "한번 걸쳐만 보시고 나중에 와 주시면 되죠." 하고 웃으며 이야기하면 분위기는 금세 화기애애하게 풀리기 마련이다.

고객에게 다른 상품을 권하거나 걸쳐 보게 하는 것을 결코 부담스러워하지 마라. 좋아 보이는 것을 고객에게 소개하는 것 역시 판매사원의 의무다.

패션코디네이터는 예술가

　나는 내가 하는 의류 판매는 일종의 예술이라는 생각을 한다. 판매자가 어떻게 코디를 하느냐에 따라서 그 사람의 분위기가 틀려지기 때문이다. 계절에 따라서 달라지는 분위기도 있지만, 기분이나 시대의 흐름까지도 반영하는 패션 코디네이터의 역할이 나는 정말 자랑스럽기까지 하다.

　패션은 이미지를 변화시키는 사업이다. 나 또한 예쁘게 옷을 입고 나갔을 때 자신감과 쾌감을 느끼기 때문에 모든 고객들도 분명 비슷한 마음이라는 것을 느낌으로도 알 수 있다. 오늘날 고객들은 매장이라는 공간에서 단순히 물건 구매뿐만 아니라 마음으로 판매사원과 커뮤니케이션을 기대하기도 한다. 정보와 문화 등 다양한 것들을 새로 알아가는 재미뿐만 아니라 감동을 받고 싶어 하기 때문에 판매사원들은 더 많은 노력을 기울여야 한다.

　어느 날이었다. 정장 매장에서 젊은 남자가 혼자서 매장 안을 기웃거리고 있었다. 그런데 매장 안으로 들어오는 것이 아니라 아웃복서처럼 밖을 빙빙 돌면서 염탐하듯 옷을 기웃거리기만 하는 것이었다. 나는 그 고객에게 말했다.

　"부담 갖지 말고 들어오셔서 마음껏 보세요. 안 사셔도 좋으니까 마음에 들면 입어 보세요."

그런데도 젊은이는 그 검은색 정장을 계속 만지작거리고만 서 있었다.

"고객님, 특별한 일에 필요한 옷을 찾으세요?"

나는 그 사람이 사회 초년생으로 보였고, 무슨 용도로 입을 옷을 찾고 있는가를 직감했다.

"혹시 면접용 찾으시나요?"

그러자 젊은이는 고개를 끄덕이며 말했다.

"네. 면접 때 입으려고요."

지금과 달리 당시 남자 고객들은 남성 정장 매장이어도 매장 안에 들어오는 것조차 쑥스러워하는 분들이 정말 많았다. 그땐 왜 그렇게 어려워했는지 모르겠다.

나는 그 고객이 검은색 정장을 구매하고 싶다고 하여 다크 네이비색 정장으로 권했다. 그러나 고객은 화려해서 부담스럽다고 하시는 게 아닌가. 그래서 나는 다시 질문을 던졌다.

"면접이 어느 계통이에요?"

"금융업이요."

그럼 블루가 좋을 것 같다고 유도하자 그 고객이 물었다.

"왜요?"

"고객님 금융 쪽은 신뢰를 가장 중요시해요. 블루 컬러는 신뢰를 주는 컬러예요. 이번에 저를 믿고 이 컬러로 입어 보세요."

그러자 그 고객은 내 말에 설득이 되어 정장을 입어 보겠다고 했다. 그리고 나는 다크 네이비색 정장에 어울리는 멋진 셔츠와 깔끔한 넥타이로 풀 코디를 해 주었다. 피팅룸에서 옷을 차려입고 나온 그 젊은이를 보니 한눈에 보기에도 정말 잘 어울리고 멋진 모습이었다.

그날 나는 내가 코디해 준대로 구매해 간 그 젊은이가 합격했을지 괜히 걱정되었다. 내가 권한 옷을 입혀 보낸 그 사람이 남 같지가 않아서 잘되기를 바라는 마음이 저절로 생겼다.

그런데 2주일 뒤, 그 고객이 나타났다. 정장 한 벌 더 구매를 한다는 것이었다.

"이젠 매니저님 말씀대로 구매할게요. 매니저님 덕분에 합격했거든요."

진심으로 고마워하는 고객의 모습에서 나는 뿌듯함을 느꼈다. 누군가의 새 출발에 힘이 될 수 있다는 것에 감사한 마음도 생겼다. 이 고객은 입사 후 자신의 동기들을 우리 매장에 소개시켜 주기도 했고, 몇 년 뒤 과장 승진을 했다는 소식까지 전해 주었으니 꽤나 오랜 시간 동안 나의 고객이 되어 주었다.

이렇듯 판매라는 업은 고객에게 유행과 아름다움을 팔기도 하지만 누군가에게 꿈을 실현시켜 줄 수 있도록 도움을 주기도 하는 멋진 전문가이다. 우리는 고객에게 단순히 물건만 파는 직업이 아니라는 것을 좀 더 많은 판매사원들이 알았으면 좋겠다는 생각도 든다.

그럴수록 전문가로서 한 걸음 내딛는 용기와 스스로 자신감이 있어야 더욱 당당하게 고객에게 어필할 수 있다. 우리는 고객에게 라이프 스타일을 제안할 수 있어야 하며 고객 만족과 신뢰를 주어야 한다. 더 나아가 우리의 마음을 파는 직업이기도 하므로 고객을 대하는 따뜻한 마음도 갖추기를 바란다. 판매사원이 전문성과 더불어 인간적인 매력까지 갖춘다면 우리 일은 더 가치 있는 일이 될 것이다. 장기적으로 우리 스스로가 만들어 가야 할 숙제이기도 하다.

간혹 고객이 '주세요.' 하는 것만 판매하는 사원들을 많이 본다. 개인적으로 그런 판매사원은 성장 가능성이 희박하다고 생각한다. 어떻게든지 하나라도 더 연결시켜 판매하려는 의지도 필요한데 말이다. 그럴 때에는 고객이 부담스럽지 않은 선에서 넌지시 한마디 던져보는 센스가 중요하지 않을까.

처음 온 신입직원들에게 교육을 시키다 보면 하나같이 고객이 부담스러워할까 봐 상품을 제대로 권하지 못하겠다는 말을 한다. 자신도 그런 상황이면 부담스러울 것 같다는 이유에서다. 참 어리석은 생각이다. 백화점에서 의류 상품을 구매하는 고객들은 어느 정도 여유가 있는 사람들이다. 그들은 저가 상품을 원하는 것이 아니라 몸에 브랜드를 걸치고 싶어 하고 그것으로 보상을 받고자 열심히 노력하는 사람들이다.

동네 양품점 점원이라면 고객 주머니 사정을 들여다보고 함께 걱정을 하는 것도 좋겠지만 백화점 판매사원이라면 자기가 판매하는 브랜드와 백화점이란 자부심을 갖고 자신의 업에 종사했으면 좋겠다.

나는 내가 정성을 다해 구매를 권유했음에도 불구하고 판매에 실패했다고 해서 좀처럼 후회하지 않는다. 일단 들이대는 용기도 중요하거니와 손님에게 기분 좋은 시간을 선사해 주었다는 생각만으로도 나름의 보람을 느낀다. 그러다 보면 단품을 구매하러 오셨다가 추가 상품을 구입하는 고객들도 만나게 된다. 고객으로서도 구매할 때 부담은 있겠으나 '풀 코디로 연출된 옷을 입고 다니면 보다 자신감 있게 행동할 수 있으므로 긍정적인 효과를 얻을 수 있다.'

이 말은 나와 만난 수많은 고객들이 사회 생활을 할 때 그런 만족감이 자신을 보다 프로패셔널한 전문가로 만들어 준다면서 입 모아 칭찬하는 말이기도 하다. 그래서 나는 오늘도 패션 코디네이터는 아름답고 클래식한 인생을 연출하는 예술가라고 자랑스럽게 말한다.

서비스는 정과 덤이다

> 낯선 이에게 친절하라.
> 그는 변장한 천사일지도 모른다.
> ―고서점 '셰익스피어 앤 컴퍼니'

나에게 유독 단골고객이 많은 이유는 마음에서 우러나오는 서비스 정신 때문이라고 자부한다. 자신이 하는 일에 대한 애정, 책임감은 서비스의 근간이다. 서비스는 유통의 부가가치적인 상품이라고 할 수 있는데, 그 부가적인 상품의 본질은 우리의 진정성을 전달하는 것이기도 하다.

오랜 시간 함께한 고객들은 내가 캐주얼 브랜드에서 신사복으로 옮기고, 아웃도어로 옮기고 나서도 변함없이 찾아와 주신다. 나를 찾은 고객이 구매를 하건 구매를 하지 않건 따지지 않고 나는 매장 방문해 주시는 고객에게 최대한 나의 정성을 표한다. 물론 서비스 제품을 주는 것만이 능사는 아니지만, 이왕이면 덤으로 선물도 나누고 정도 나누면 더 행복하지 않을까 싶다.

처음 등산화를 판매하고 난 후 등산양말을 선물로 드리니 좋아하는 고객들이 많았다. 아무리 부자라고 해도 공짜를 마다하지 않는 한국인의 재밌는 특징이기도 하다. 그때부터 의무는 아니지만 상품을 구매해 가는 고객들에게 덤으로 주기 위해 미리 준비를 해서 꼭 성의를 표시하기도 했다. 함께 쇼핑을 도와주러 온 방문객까지도 사람 수에 맞춰 챙겨 주니 그들의 입소문도 만만치 않았다. 그렇게 조건 없이 먼저 물 한잔이라도 베풀기 위해 노력하고, 매장에 방문해 주신 고객을 진심으로 환대하니 고객 역시 진심으로 다가와 주었다.

갤럽 마케팅에 따르면 고객 감소 원인 중에서 사망(1%), 이사 (3%), 단골이 없는 경우 (4%), 주위의 권유(5%), 가격(9%), 만성적 불평 고객(10%) 등이 차지하는 비중은 32%였다. 나머지 68%는 고객에 대한 세일즈맨의 무관심 때문에 다른 거래처를 찾는다고 했다. 나는 경험을 통해서 고객에 대한 관심과 배려를 하면 그것이 고객으로부터 되돌아온다는 사실을 잘 알고 있다.

까칠한 손님과 진심 나누기

많은 고객들 중에 기억에 남는 분들을 일일이 적을 수는 없지만 까다로운 고객들 중에 인연을 나누는 분들은 어쩐지 각별한 데가 있다. 신사복 매장을 할 때의 일이다. 고객 한 분이 계속 A/S건으로만 매장을 방문하셨다. 단골고객이라 그동안 구매해 간 옷이 많아서 그 옷을 입느라 새로운 구매가 없기도 했지만, 이분이 특별한 이유는 다른 데 있었다.

보통 허리에 살이 쪄서 늘리고, 빠져서 줄이는 일은 당연하다. 그런데 이 고객은 유달리 민감해서 일주일에 한 번은 갖고 계신 옷을 가져와 수선하셨다. 기장이 0.5센티미터라도 차이가 있으면 트집을 잡았다. 게다가 다른 브랜드의 옷도 수선실에 맡겨 달라고 떼를 쓰기도 했다. 그러다 보니 우리 직원들이 서서히 스트레스를 받기 시작하면서 우리끼리 수다로 이제 그만 오셨으면 좋겠다는 이야기를 서슴없이 하게 되었다.

말이 씨가 되었는지, 아니면 우연의 일치일지는 모르지만 어느 날부터인가 고객님께서 매장에 방문하지 않았다. 나는 왠지 죄송한 마음에 계속 그분이 생각이 나서 전화를 했다.

"요즘 왜 이렇게 뜸하세요. 물건 안 사셔도 괜찮으니 커피 한 잔 하시고 놀다가세요."

그 고객은 아주 반가운 목소리로 전화를 받으셨다. 그러면서 꼭 놀러오겠다고 하셨다. 얼마 후, 고객이 다시 매장을 방문해 주셨을 때에는 너무 반가워서 어쩔 줄 몰라 했다. 오랜만에 본 고객이 반갑기도 했고, 직원들과 농담처럼 내뱉은 말이 죄송한 마음을 불러 일으켰기 때문이다.

그런데 신기하게도 그 고객이 자주 우리 매장을 찾기 시작했고, 물건을 사러 오시기도 했지만 지나가다 들렀다며 방문하는 일도 잦았다. 그러나 귀찮은 마음보다는 오히려 찾아 주셔서 감사하다는 마음이 컸다. 고객 역시 커피 한 잔 하시고 가라는 나의 전화 한 통에서 진심을 느낄 수 있었고 했다.

그 후 나는 발길이 뜸한 고객들에게 안부 인사 겸 자주 전화를 드리게 되었다. 고객들은 하나 같이 반갑게 전화를 받았고 상품을 구매하지 않더라도 우리 매장을 가끔씩 찾아 주셨다. 모두들 만면에 미소를 띠고 찾아 주시는 터라 덩달아 나 역시 기분이 좋아졌다.

그런 까닭에 나는 다시는 누가 듣던 안 듣던 부정적인 생각은 절대 하지 않겠다고 다짐했다. 고객은 느낌으로 자기를 생각해 주는지, 아니면 싫어하는지 다 알고 있다. 한국사회가 아무리 각박하다고 하지만 그것은 한국인들의 감추어져 있는 온정 어린 마음을 잘 알지 못하고 하는 소리다. 그러기에 백화점이란 공간 역시 물건을 사고파는 데 그치지 않고 고객과 이웃사촌처럼 커피 한 잔과 정을 나누는 커뮤니

케이션의 공간이 될 수 있다는 사실을 잊지 않으려 한다.

내가 아는 한 여성복 매니저의 매장에 가면 언제나 여자분들로 북적거려서 동네 복덕방 같다는 생각을 하곤 했다. 그런데 문제는 그분들이 물건을 구매하기 위해 방문해 주신 분들이 아니라 대부분이 카페에 수다를 떨려고 방문한 고객들이라는 것이다. 매장의 한자리를 차지하고 앉아 삼삼오오 모여 이야기를 나누는 그들을 보며 나는 은연중에 '매출도 올려 주지 않는 여자분들을 접대하느라 참 힘들겠다'고 걱정하기도 했다.

하지만 그것은 나의 오산이었다. 그분들이 단순히 수다 떠는 것처럼 보이지만 실상은 그렇지 않다. 그들은 서로 고객을 연결시켜 주며 매니저에 대한 의리를 다해 주고 있었던 것이다. 그 매니저는 지금도 불황 없이 10년을 넘게 한 매장에서 근무하며 꾸준히 좋은 성과를 내고 있다. 때론 여자분들의 수다에 질리기도 했지만 서로를 챙겨 주고 끌어 주는 여자분들의 의리 또한 감동이 아닐 수 없다. 그저 상품만 서로 사고파는 것이 아니라 서로에게 필요한 정보를 나누며 정을 나누는 모습을 목격한 것이다.

그 매장을 보면서 나는 반성해야겠다고 생각했다. 그 이후로 나는 우리 매장을 좀 더 정이 넘치는 매장으로 만들려고 노력했다. 고객들이 좀 더 오래 머물러 있을 수 있도록 편하게 응대하는 건 당연하고, 결제가 끝나면 안녕히 가시라 인사하는 것이 아니라 일상적인 이야기를 건네며 수다도 떨었다. 지나가는 말로 "심심하면 놀러오세요"라고 한마디를 던졌더니, 실제 그 말 한마디에 지나가다 들르시는 분들도 점점 늘어났다.

물론 여성복과 남성복의 차이는 있지만 방문하기 어려운 딱딱한 정장 매장이 아닌, 지나다가 한 번쯤 들르고 싶은 매장 분위기를 만들기 위해 노력한 것이다. 그런 노력 덕분일까. 언제부턴가 신사복이지만 구매하러 오시는 고객들이 옷을 볼 생각은 안 하고 그냥 수다 한 시간, 구매하는 데는 5분 정도 걸리는 재미있는 일도 있었다.

처음에 남자사원들은 이러한 나의 행동을 이해하기 힘들다며 색안경을 끼고 보기도 했지만, 결국 매장에 찾아와 편하게 즐기며 따뜻한 말을 건네고 서로가 서로를 반겨 주니 냉랭한 분위기가 감도는 매장이 아닌, 늘 활기가 넘치고 기분 좋은 에너지를 주는 매장으로 변해갔다. 처음에 불편해하던 직원들 역시 한결 편한 분위기에서 근무하게 되었고, 그 에너지는 고스란히 고객에게 돌아갔다.

결국 고객들은 편하게 즐기며 따뜻한 말 한마디에 감동하는 서비스를 좋아한다. 그래서 우리 매장은 사람 냄새나는 매장이 되기 위해 노력하고 있다. 그야말로 정과 덤이 넘치는 서비스 세상을 만들기 위해 노력하고 있는 것이다.

미국 경영대상 수상 기업 페덱스 대표는 이같이 말했다.

"고객 감동 비결은 간단하다. 감동한 직원은 감동한 고객을 창출해 낸다. 감동한 직원은 상사와 경영진을 신뢰하고 자기 일과 조직에 자부심을 느끼며, 일에서 보람과 재미를 느낀다. 즉, 일을 즐기면서 하고 헌신적으로 하면서 고객을 감동시킨다."

이렇듯 긍정적인 매장 분위기와 직원의 친절함이, 곧 고객의 만족으로 연결된다는 사실을 다시 한 번 기억해야 한다.

상품을 팔지 말고
영혼을 팔아라

> 미래가 어떻게 될까
> 이리저리 탐색하는 것은 그만 두자.
> 그러나 시간이 지나면 그 결과물이 무엇이든지
> 선물이라고 생각하고 받아들여라.
> – 호라티우스

시골 할머니 댁에 가면 깊은 우물이 있었다. 밧줄이 길게 늘어져 있고 거기에 네모난 바가지 모양의 두레박이 묵직하게 매달려 있었는데 난 키가 작아서 발뒤꿈치를 간신히 들어야 우물 안이 간신히 보였다. 그때 우물 안에 비친 내 모습을 본 기억을 잊으려고 해도 잊을 수가 없다. 그렇게 맑을 수가 없었다. 살면서 힘들 때마다 우물 안 내 모습을 상상했다. 그때를 생각하면 윤동주의 〈자화상自畵像〉이란 시가 문득 떠오르곤 한다.

자화상

산모퉁이를 돌아 논가 외딴 우물을 홀로 찾아가선
가만히 들여다봅니다.

우물 속에는 달이 밝고 구름이 흐르고 하늘이
펼치고 파아란 바람이 불고 가을이 있습니다.

그리고 한 사나이가 있습니다.
어쩐지 그 사나이가 미워져 돌아갑니다.

돌아가다 생각하니 그 사나이가 가엾어집니다.
도로 가 들여다보니 사나이는 그대로 있습니다.

다시 그 사나이가 미워져 돌아갑니다.
돌아가다 생각하니 그 사나이가 그리워집니다.

우물 속에는 달이 밝고 구름이 흐르고 하늘이
펼치고 파아란 바람이 불고 가을이 있고
추억처럼 사나이가 있습니다.

나는 시인이 아니어서 우물 안에 비친 내 모습을 저렇게 아름답게 표현하진 못하지만, 그 모습을 떠올리면 내 영혼조차도 맑아지는 기분이 든다. 나는 소녀시절 윤동주의 시를 읽으며 맑은 우물물을 퍼올리듯 청정한 기운을 느끼려고 노력하곤 했다.

윤동주 시인은 조국의 해방을 몇 달 남겨두고 억울하게 일본 감옥 속에서 죽었다. 시인은 그렇게 잿빛 세월을 살다가 죽었지만 우리들에게 숱한 맑고 아름다운 시를 남겼다. 나는 시인의 시를 읽으면서 언제나 긍정적인 생각을 놓치지 않았다.

내 유년시절의 잿빛 기억만 간직했다면 지금의 나는 없었을 것이다. 나는 이따금 백화점 매장이 화려한 것 같아도 도시 안에 있는 사각의 회색지대라는 생각을 할 때가 있다. 백화점은 구매를 유도하기 위한 유혹의 심리학이 가득 차 있는 곳이다. 나는 이 사각형의 정글 안에서 이따금 윤동주의 시를 읊조리면서 청정한 기분을 유지하고자 노력한다.

고객이 만족할 때까지

백화점 생활을 처음 시작할 때 나 역시 많은 어려운 일을 겪었다. 서울 생활에 적응하는 것만으로도 힘들었는데, 서울 생활에 닳고 닳은 고객을 상대하는 일은 더욱 힘든 일이었다. 일반 고객을 상대하기도 힘들고 벅찼는데 이따금 고객의 컴플레인에 걸려서 휘둘릴 때는 당장 그만두고 싶을 때도 많았다. 눈물이 핑 돌고 고향의 부모님 생각도 나고 시골 할머니 생각도 났다. 하지만 어찌하랴. 어차피 먹고살기 위한 생존경쟁에 내몰린 신세인 것을……

나는 그럴 때면 윤동주의 〈서시〉나 〈자화상〉 같은 시를 가슴속으로 읊조리며 나를 달랬고 현실에 적응시켜 나갔다. 시간이 흐르면서 일이 손에 붙기 시작하고 자신감이 생기자 거짓말처럼 일이 술술 풀려나가기 시작했다. 비록 판매직이었으나 내가 하는 일이 정말 자랑스럽게 느껴지기도 했다.

데일 카네기는 "자신이 하는 일을 재미없어 하는 사람치고 성공하는 사람을 보지 못했다"고 했다. 난 내 일이 진심으로 재미있고, 내 적성에 잘 맞는다고 생각했다. 그래서인지 남들보다 두세 배는 더 빨리 원하는 위치까지 오를 수 있었다.

앞에서 밝혔듯이 한 달짜리 주부사원으로 시한부인 내가 소기의 성과를 올리기 시작하자 재미를 넘어서서 자부심을 갖는 경지에 도달해 있었다. 친절상을 여러 번 타고 8개월 만에 매니저로 스카우트되면서 남편의 사업 실패라는 우울한 기분은 금세 달아나고 우물 속에서 깨끗한 물을 퍼올리는 듯한 상쾌한 기분을 느낄 수 있었다.

그때의 나는 날마다 발전하는 나의 미래를 그려 보며 어렴풋하게

나마 큰 그림을 그리기 시작했던 것 같다. 나는 하루하루 한 발짝씩 내딛는 연습을 끊임없이 하면서 그 한 걸음 한 걸음이 쌓일수록 기뻐했다. 그렇게 하루하루 고객과 마주하며 얻은 귀한 가치 중 하나는, 고객은 자기를 알아봐 줄 때 가장 기뻐한다는 것이었고, 판매할 때 상품을 먼저 팔기보다 결국 고객의 마음을 먼저 얻는 것이 가장 중요한 덕목 중에 하나란 것을 배웠다.

그 무렵 까다롭기로 유명한 고객이 있었다. 매장에서는 서로 눈치로 그분이 오셨다고 알려 주기도 했다. 허름한 행색의 그 고객은 한 번 매장에 들어가서 두 시간은 기본이고 매장에 있는 온갖 옷을 다 입어 봐서 판매직원의 진을 다 빼고는 돌아가기 일쑤였다. 우리는 그 고객을 보고 뻔뻔하다고 이야기하기도 했다.

유난히도 한가한 날이었다. 손님도 없고 매출도 없어 걱정을 하고 있을 때 그분이 나타나셨다. 한가로운 때였지만 어떤 매장도 그분을 눈여겨보지 않았다. 어차피 상대해도 두 시간 이상 사람 진을 빼놓고는 마음에 들지 않는다는 시선을 던지고는 사라지는 분이었기 때문이다. 아무도 자신에게 관심을 주지 않아서인지 그분은 다른 매장을 거쳐 우리 매장까지 왔다.

나는 판매사원으로서 오기가 발동했다. 나는 오늘같이 한가한 날 이분과 하루 종일 씨름을 하더라도 나의 고객으로 만들어 보겠다는 생각을 했다. 나는 되도록 진심을 다하는 감정을 끌어내면서 그분에게 말을 걸었다.

"고객님, 부담 갖지 마시고 둘러보시다가 필요하신 것 있으시면 말씀 하세요."

나는 상품을 둘러보는 고객의 옆에 바짝 붙어 섰다. 그 고객은 10여 분 정도 우리 매장의 옷을 둘러보더니 말씀하셨다.

"이 옷을 한번 입어 보고 싶군요."

나는 재빨리 고객의 체형에 맞는 사이즈를 찾아 드렸다. 그때부터 그 고객은 계속해서 다른 옷을 입어 보기 시작했는데, 거짓말 안 보태고 풀 착장으로 열 벌은 입어 보신 것 같다. 나는 그분이 결정장애가 있는 것이 아닐까 생각하다가도 어찌 보면 지나치게 세심하고 꼼꼼해 결정하지 못하는 것 같아 보이기도 했다. 어쨌거나 판매자 입장에서는 상당히 피곤하고 지치게 만드는 고객이었다.

좀처럼 지치지 않는 나 역시 슬슬 인내심이 한계가 오고 있었으나 고객을 응대하면서 머릿속으로는 '어떻게 하는 것이 현명할까?'를 계속 생각했다. '이분의 정체가 뭐지?' 하고 생각하다가 나는 이렇게 말했다.

"오늘은 좀 한가한 날이니까 매장에 있는 옷 다 입어 보셔도 되요. 고객님이 진짜 마음에 드는 옷을 고르실 수 있게 해 드릴게요. 처음부터 천천히 다시 입어 보시는 게 어떨까요?"

그렇게 권하면서 나는 갑자기 23년 동안 쇼핑을 한 번도 해 본 적이 없었던 내가 결혼예복 사러 갔을 때가 생각났다. 사긴 사야하겠고, 제대로 옷을 고를 방법은 모르겠고 하는 수 없이 주인이 사라는 대로 샀던 기억이 있었다. 마음에 들지는 않았지만 그 말을 하는 것이 어찌나 어렵던지. 결국 마음에 들지 않는 옷을 구매하고 집에 돌아가서도 툴툴거렸었다.

순간 나는 이 고객이 그런 심정이 아닐까? 하는 생각이 들었다. 실제로 그 고객과 대화를 하다 보니 한국에 들어온 지 1년이 안 되었는데 정장을 입는 직장으로 이직하게 되어 정장을 고르는 데 고민을 하고 있다는 것이었다.

"아, 진작 여쭤 볼 걸 그랬네요. 미리 알아보지 못해서 죄송합니다. 힘드시죠? 쇼핑은 원래 힘든 거예요."

그때부터 고객과 대화가 통하기 시작하자 굳어져 있던 그분의 표정이 한결 밝아지는 것이 느껴졌다. 그분이 마실 물을 좀 달라고 하기에 얼른 시원한 물 한 컵을 가져다 드렸다. 물을 쭉 들이켠 그분이 말했다.

"저, 그냥 아까 입었던 정장 여섯 벌 주세요."

순간 나는 말을 잘못 알아들은 줄 알았다. 나는 되묻지 않을 수 없었다.

"네? 여섯 벌이요?"

"네."

그날 그 고객은 천만 원 가까운 매출을 올려 주어서 우리 매장은 정장 브랜드에서 매출 1등을 했다. 면 티셔츠에 면바지를 입은 허름한 외모의 고객이 그런 매출을 올려 줄줄 누가 알았으랴! 까다로운 고객이라 큰 기대를 한 것은 아니지만 얼마나 고마운지 나는 그분을 잊을 수가 없다.

그분은 아무도 알아봐 주지 않고 친절하게 설명해 주는 사람이 없어서 한국에서 쇼핑이 힘들다고 말씀하셨다. 그분은 본래 뻔뻔한 게 아니라 그만의 상품 구매 방식이 있었던 것이다. 꼼꼼히 따져보고 충분히 이해가 되었을 때에야 구매를 하는 분이었는데 초라한 행색과 직원들을 귀찮게 한다는 이유로 제대로 응대하지 않고 고객의 흠을 봤던 것이다.

게다가 나에게 해 준 고객의 말은 큰 깨우침을 주는 말이었다. 그날 이후 나는 결심을 했다.

절대 고객을 외모로 고객을 판단하지 말 것. 저 사람이 물건을 살까, 안 살까 저울질하지 말 것. 열 번이라도 원하는 것 다 챙겨서 보여 드릴 것. 진심을 담아서 원하는 것을 같이 찾아 줄 것. 만약에 우리 매장에 어울리는 제품이나 사이즈가 없다면 경쟁 브랜드라도 추천해서 안내해 줄 것. 고객이 만족 할 때까지 귀 기울일 것. 모든 것들을 체험 할 수 있게 해 드릴 것. 이렇게 7가지 결심을 세웠다.

절대로 고객을 함부로 판단하지 않겠다는 나의 다짐이었다. 나의 경력에서 오는 촉으로 열 명 중 아홉은 맞을 수 있다고 해도 단 한 명의 고객을 놓칠 수 있기 때문이다.

나는 이 말을 곱씹으며 다시 한 번 초심으로 돌아갈 수 있었다. 그날 이후 직원들과 아침 조회시간에 서로 해야 할 일들과 하지 말아야 일들을 반성하며 고객 한 분이라도 우리 매장에 들어와 주신 것만으로도 감사하자며 다짐했다.

중국요리 중에 자장면은 기계면과 수타면이 있다. 그 맛도 비교해 보아야 수타면이 맛있다는 것을 알 수 있듯이 우리 옷도 입어 본 것과 안 입어 본 것에 차이가 있다. 옷을 입어 보길 망설이는 고객이 있다면 기계면과 수타면의 차이를 들며 무조건 안 사셔도 괜찮으니 한번 입어만 보시라고 권하게 되었고, 진심으로 모든 고객들이 편하게 착용해 볼 수 있게 도와주게 되었다.

이렇듯 고객의 가려운 부분까지 생각해 준다면 우리 매장을 찾는 분들은 방문을 망설이지 않을 것이다. 더불어 이젠 매장에 물건을 사러 오는 단순한 고객이 아니라 서로 친구 같은 만남으로 유지하는 시대가 왔다는 것도 숙지해야 할 일이다. 고객의 마음을 꼼꼼하게 들여다본다면 이러한 관계를 맺는 것이 그리 어렵진 않다. 더불어 고객과 관계에서 진심을 다해야 한다는 것과 고객과의 신뢰만큼은 절대 잃지 말아야 한다.

어떤 상황이든
당당하게 수행하라

> 작은 행위의 친절.
> 조그마한 사랑의 말은
> 지상을 천국 이상으로
> 행복하게 만든다.
> - 줄리아 카니

현재 직장에서는 맡은 바 책임을 다하고 있는가?' 현재 다니고 있는 직장에서 진심으로 사장 마인드를 갖고 업무에 임하고 있는가? 나도 한번 생각해 볼 일이다.

  판매원이라는 직업이 누구나 인정하는 직업은 아니지만 하대 받을 직업도 아니다. 나 스스로 판매원을 인정하지 않으면 누가 아니, 어떤 고객도 우리를 인정하려 하지 않을 것이다. 판매직이 누구나 하고 싶어 하는 직업은 아니더라도 우리 생활에 꼭 필요한 직업임을 인정해야 한다. 특히 우수한 판매사원은 자존감도 높고, 사명을 가지고 매사에 임한다. 판사, 검사, 의사처럼 존경받을 만한 직업은 아니어도 판매원 역시 사람과 소통하여 마음을 움직인다는 점에서 위에 언급한 직업과 다를 바 없다고 생각한다.

'서번트리더십 servant leadership'이라는 말이 있다. 우리나라에서는 '섬기는 리더십'으로 알려져 있다. 서번트란 고객, 동료를 섬긴다는 뜻으로 신뢰와 믿음, 따뜻한 마음과 인간에 대한 깊은 애정을 바탕으로 고객과 구성원을 섬긴다는 것이다. 이렇듯 '서번트리더십'을 통해 고객과의 소통은 물론 자기 자신의 자존감도 한층 높일 수 있다면 판매사원으로서의 가치를 더욱 높일 수 있을 것이다.

백화점이라는 곳은 다양한 사람들로 북적인다. 판매사원도 존중해 주는 분이 있는 반면, 자신이 더 높은 위치에 있다고 착각하여 하대하는 분도 있다. 이런 고객들을 만나게 될 경우엔 상처를 받기도 하지만, 이제는 자신 안에 쌓여 있는 스트레스를 주체하지 못하고, 자신도 모르는 새에 결핍이 있어 상대방을 감정적으로 대한다는 것을 알게 되었다. 그런 고객을 만날 때면 인격적으로 모독을 당했다는 생각에 판매사원 역시 흥분하기 마련이지만, 그런 손님을 대할 땐 오히려 감정을 차분하게 가라앉히고 고객의 말을 경청할 줄 알아야 한다. 이때 필요한 것이 바로 '서번트리더십'이다. 상대방의 말을 귀 기울여 들어 주며 애정을 바탕으로 대한다면 까다로운 고객 역시 내 편으로 만들 수 있다.

당당하게 응대하라

언젠가 구매한 옷이 맘에 안 든다며 환불해 달라는 고객이 찾아온 적이 있었다. 상품 붙어 있는 고유 택도 없었고, 구매한 기간도 2주가 지난 뒤라서 매장 직원은 환불 규정에 따라 환불이 불가하다고 단호하게 대처했으나 고객은 납득이 가지 않는다는 듯 품에 가지고 있던 맥가이버 칼을 휘두르며 가만히 두지 않겠다고 소리를 질러 댔다.

그때 나는 고객이 맥가이버 칼을 휘두르는 현장에 있었다. 가만히 두고 볼 수 없었던 나는 일단 그분의 상태를 파악했다. 내가 보기에 그 고객은 자존감에 상처를 입고 잔뜩 화가 나 있었다.

나는 그분이 정신적으로 불안정하다는 것을 파악했다. 일단 고객의 말을 들어봐야겠다는 생각이 들었다. 판매사원은 가끔 상담사 역할도 자처해야 할 때가 있다. 나는 고객에게 다가가 "고객님, 무슨 일이시죠? 저에게 차분하게 말씀해 보세요. 제가 해결해 드릴 수 있는 일은 제 선에서 해결해 드릴게요. 제가 이 매장의 매니저입니다." 하고 이야기하며 접근했다. 고객은 잔뜩 흥분한 듯했지만 대화를 나누자는 이야기에 조금은 수그러든 것 같았다.

일단 고객과 마주 앉은 나는 고객의 모든 이야기가 끝날 때까지 가만히 들어 주었다. 고객은 흥분하여 조리 있게 설명하진 못했지만, 자신이 억울하다는 것을 이야기하며 자존심에 상처를 입었다는 것을 적극적으로 어필했다. 나는 그 말을 귀담아 듣고 앞뒤 상황과 고객이 원하는 것을 정리하여 예외적으로 일처리를 하고서 사건을 마무리했다. 일단 고객이 원하는 것들을 적극적으로 수렴하여 정리를 한 것이다. 일은 무사히 마무리되었지만 칼을 휘두른 행동과 입에 담지 못할 폭언은 매장 직원에게도 큰 상처로 남아 고객을 보낸 뒤에 직원 역시 다독여 주었다.

그 일이 있은 후, 소동의 당사자였던 고객이 직접 매장으로 전화를 걸었다.

"그날 일은 죄송합니다. 제가 한번 흥분하면 감정적으로 격해지는 면이 있어요. 그때 그 일은 진심으로 사과할게요."

진심으로 사과하는 고객에게 그 마음 잘 받겠다고 이야기하며, 나는 매니저로서 따끔한 조언의 한마디도 잊지 않았다.

"고객님, 그때는 흥분이 가라앉지 않은 상태이어서 말씀드리지 않았지만, 칼을 휘두르고 직원에게 폭언을 하시는 건 명백한 범법행위입니다. 직원이 받았을 상처도 헤아려 주세요. 저희 직원들도 물건을 판매하기 이전에 사람이거든요. 고객님, 아셨지요?"

고객은 정말 미안했는지 매장으로 찾아와 상품을 구매해 가며 다시 한 번 죄송하다고 사과했다.

사실 나로서도 당황스럽고 조심스러운 일이 아닐 수 없었다. 그렇다고 해도 고객이 만족할 만한 서비스를 제공하는 것이 판매사원의 의무라고 생각하기에 손 놓고 두고 볼 수는 없었다. 더불어 그 손님의 경우 자신이 납득하지 못한 일에 대해 화가 난 것이므로, 고객의 이야기를 경청해 줄 필요가 있었다. 칼을 꺼내들고 폭언을 한 건 명백한 범법행위였지만 내가 만약 칼을 휘두르는 고객의 모습에 당황하고 겁에 질려서 경찰에 신고를 했다면 그분과 인연을 맺기는 어려웠을 것이다. 나는 그 사건을 통해 현대인들이 자신의 이야기를 들어 주는 사람을 간절히 필요로 한다는 생각이 들었다.

시간이 흐를수록 혼자 사는 현대인들이 늘어나는가 하면 외로움을 겪는 사람도 늘어나고 있다. 그들 중에는 외롭다고 말할 사람도 없고 몇 명 안 되는 친한 사람들에게는 자신의 치부를 보여 준다는 것이 매우 불편하다고 생각하는 사람이 의외로 많다. 그러다 보니 일상 생활에서 받은 스트레스를 백화점에 와서 푸는 사람들을 종종 보곤 한다. 위의 사례도 그중 하나다.

이런 일을 겪을 때면 이젠 판매사원도 판매의 영역을 넘어서 고객의 마음을 읽을 수 있는 심도 깊은 공부를 해야 할 때라는 생각이 든다. 그래야 다양한 고객들의 니즈를 충족시켜 줄 수 있을 뿐더러 앞선 사고처럼 당혹스러운 일들도 의연히 넘길 수 있기 때문이다.

조금 오래되긴 했으나 어느 백화점의 〈고객 관리 비법 10계명〉이라는 기사를 접한 적이 있었다. 나는 그 10계명이 마음에 들어서 스크랩을 해 놓고 자주 들여다보았고, 주위 직원들에게도 나누어 주며 숙지시켰는데 아주 효과가 좋았다.

고객의 이름과 얼굴을 기억하라. 서비스를 대충 하지 마라. 교환과 환불은 시원하게 처리하라. 모든 과정에는 진심을 담아라 등의 10계명을 정해 놓고 실천하다 보니 자연스럽게 우리 매장의 고객 관리 매뉴얼이 되었다.

똑똑해진 고객들과 상대하려면 그들과 함께 성장하는 판매사원이 되어야 다양한 고객들을 응대할 때 지치지 않는다. 경험이 풍부해지면 어떤 위기에 직면했을 때도 그 누구보다 진정성 있게 다가가 고객의 마음을 열 수 있다. 그리고 판매사원의 당당함이야말로 매장의 경쟁력을 키우는 최고의 에너지원이 된다. 고객의 애환과 삶을 함께 경청하고 이해해 준다면 고객도 친구와 같이 좋은 관계를 지속적으로 맺을 수 있다.

시대가 변하고 있다. 예전에는 저학력자들이 많이 판매사원이 되었다면 지금은 대학에서도 전문학과가 개설되기도 했다. 우리는 고객의 마음을 움직이는 가치 있는 일을 하고 있다는 것을 잊지 말아야 한다. 이제는 물건만 파는 사람이 아니라 그 물건을 선택할 수 있는 이유, 즉 고객의 필요를 충족시키는 멋진 우리들이 되기를 기대한다.

어느 백화점의 고객 관리 비법 10계명

하나, 고객의 이름과 얼굴을 기억하라.
고객들이 가장 좋아하는 것은 '자신을 기억해 주는 것'이라는 게 공통된 의견인데 그것만큼 확실하게 고객을 끌어당기는 마케팅기법은 없는 듯하다.

둘, '대충대충 서비스'는 안 된다.
평생 단골을 만들기 위해서는 한 번 맺은 인연을 지속할 수 있도록 노력해야 한다.

셋, 친근한 호칭도 적절히 쓸 줄 알아야 한다.
"고객님 더 예뻐지셨네요!", "고객님 더 젊어지신 것 같아요." 등 닭살스러운(?) 립서비스도 때론 필요하다.

넷, 교환과 환불은 '시원하게' 처리하라.
고객 불만의 대부분이 교환·환불 과정에서 일어난다는 점을 명심해야 한다.

다섯, 직접 나서서 문제를 해결하라.
간단한 배달이라도 숍 매니저가 직접 나서면 고객 감동도 커지기 마련이다.

여섯, 예상하지 않은 기쁨을 전하라.
고객 관심 사항과 함께 생일이나 기념일 등을 꼼꼼하게 챙기는 것은 필수다.

일곱, 약속은 목숨 지키듯 해야 한다.
신뢰 관계가 형성하지 못하면 판매는 물 건너가는 셈이다.

여덟, 상품에 대한 해박한 지식은 기본이다.
아무리 서비스가 좋아도 상품에 대한 확신을 주지 않으면 안 된다.

아홉, 첫 방문 고객의 스타일을 파악하라.
환대를 좋아하는 이도 있지만 과도한(?) 관심을 꺼리는 고객도 있으니 세심하게 관찰하는 눈을 길러야 한다.

열, 모든 과정엔 진심을 담아라.
고객이 내 마음을 어떻게 알까 싶겠지만 모든 것이 느낌으로 전해지기 마련이다

chapter 4

내 삶의 원동력은
끊임없는 자기계발!

어려움에 봉착했을 땐 도움을 받아라

> 우리가 생각의 씨앗을 뿌리면
> 행동의 열매를 얻게 되고
> 행동의 씨앗을 뿌리면 습관의 열매를 얻는다.
> 습관의 씨앗은 성품을 얻게 하고
> 성품은 우리의 운명을 결정짓는다.
> – 미상

나는 어디에서든지 최고라는 소리를 듣고 싶었다. 무엇을 하든지 남들과는 다르게 하고 싶었고, 일처리를 하나 하더라도 남들과 똑같이 하고 싶지 않았다. '이번 시즌에는 어떤 상품이 고객에게 어필할 수 있을까?', '어떤 방법으로 고객의 소비를 불러일으킬 수 있을까?' 등 내 머릿속은 늘 어떻게 하면 판매를 더 잘할 수 있을지, 매장에 방문하는 고객의 만족도를 높일 수 있을지에 대한 고민으로 가득했다.

일을 처음 시작할 때는 주변에 있는 사람들 모두가 나에겐 선생님 같았다. 그래서 그 사람들의 장점을 내 것으로 흡수하며 하나씩 습관으로 만들어 나갔다. 주변 사원, 매니저님을 비롯하여 매장에 방문해 주시는 고객님들까지 좋은 습관이나 장점을 갖고 계신 분들이라면 기억해 두었다가 꼭 일상 생활에서 활용해 보려고 노력했다. 그러다 보니 어느새 성큼 성장해 있는 듯한 느낌이 들었고, 그러한 느낌이 들 때쯤엔 업무적으로 굉장한 성과를 얻을 수 있었다.

그러나 주변 사람들의 장점이 내가 속한 사회에서 만능키처럼 사용될 수는 없었다. 난관에 부딪힐 때면 주변에 묻고 해답을 얻고 싶었지만 시간이 갈수록 스스로 해결해야 할 일이 많아졌다. 게다가 경험이 쌓이고 직급이 높아질수록 아래에 있는 직원을 챙겨야 할 일이 많았다. 그들에게 좋은 본보기를 보여 주는 것 외에 좋은 선배로서 노하우를 알려 주어야 한다는 책임감도 생겨났다.

그러다 보니 내가 했던 그대로 따라하라고 이야기할 수는 없는 노릇이었다. 지금 생각해도 절실함 하나 가지고 맨몸뚱이로 부딪혀서 만들어 낸 것이기 때문에, 내 방법이 모두 옳다고 가르칠 수는 없었다. 그럴 때면 책의 저자들을 멘토 삼아 스스로 터득하고 익혀 나가기 시작했고, 멘토들의 귀한 메시지를 바탕으로 후배들에게 농도 깊은 깨달음을 전해 주고자 노력했다.

세계적인 비즈니스 컨설턴트이자 유명 동기부여 강사인 브라이언 트레이시의 저서를 통해 나는 남들과 다른 삶, 최고가 되는 삶에 대해 많이 생각해 볼 수 있었다. 한국에서는 《백만 불짜리 습관》이란 책으로 명성을 얻었지만 개인적으로 그의 《내 인생을 바꾼 스무 살 여행》

이란 책을 가장 좋아한다.

　브라이언 트레이시는 스스로 어떤 목표를 정해 놓고 몸으로 실천하는 삶을 보여 준다. 그는 스무 살 때 친구들과 300달러를 가지고 사하라 사막을 횡단하는 죽음의 여행을 하리라 결심한다.

　"당신들은 사하라에서 죽을 것이오."

　젊은이들의 무모한 여행에 모두들 불가능하다고 고개를 가로젓고 원주민들조차 극구 말리고 나섰지만 그는 결코 포기하지 않았다. 그리고 그는 12개월간 2만 7천 킬로미터에 이르는 대장정을 마친 후《내 인생을 바꾼 스무 살 여행》을 집필한다. 그리고 그 책에서 "누구에게나 건너야 할 사하라 사막이 있다"고 말하며, 그 여행 이후 자신의 인생이 완전히 뒤바뀌었음을 고백한다. 사하라 사막을 건너기 전과 후에 세상을 바라보는 방식이 달라졌고, 남들과는 다른 삶, 그리고 최고가 되는 삶을 꿈꾸게 되었다는 것이다.

　나는 그 책을 읽고 밤잠을 설쳤다. 책 한 권이 내 인생을 휘저어 놓은 것이다. 그리고 '나는 어떤 삶을 살아야 할까?', '어떻게 하면 내 분야에서 최고가 될 수 있을까?'를 심도 깊게 고민하게 되었다.

　이렇듯 나는 인생의 주인공이 되려고 노력하는 과정에서 자기계발서, 경제경영서 등의 다양한 책들의 도움을 많이 받았다. 책은 수천 년 전의 현인들의 지혜와 평소 접할 수 없는 다양한 정보를 담은 지식의 보고다. 인터넷과 스마트폰의 발달로 점점 책 읽기를 소홀히 하는 분위기가 사회에 만연하지만, 워렌 버핏이나 빌 게이츠, 스티브 잡스 등의 세계를 이끄는 지도자들은 하나같이 입 모아서 책 읽기의 중요성을 이야기한다. 인터넷에서 얻는 얕은 지식은 우리가 살아가는 데 있어서 잠시 도움은 될 수 있으나 큰 방향성을 제시해 주지는 못하는 탓이다.

그래서 나는 직원들에게 내가 읽은 책들을 소개하면서 읽기를 권하거나 그 책이 나에게 미친 영향에 대해서 설명해 준다. 도움을 청하는 직원들에게는 성심성의껏 상담해 준 뒤에 도움이 될 만한 책들을 선물해 주기도 한다. 처음엔 이런 나를 이해하기 힘들다는 반응을 보였다. 그러나 《시크릿》이나 《백만 불짜리 습관》과 같은 책에 좋은 영향을 받은 직원들은 매사 자기확신이 서고 자신감이 붙어 업무에서도 뛰어난 성과를 내며, 모든 일에 적극적인 모습을 보여 주었다. 자신감과 자존감이 부족한 사람들은 늘 남의 칭찬에 일희일비하거나 비판에 휘둘려 좌절하고 만다. 이런 일이 반복되면 나중에는 자신감이 결여되어 직장 생활이 힘들어질 수도 있다.

그렇기 때문에 방향성을 잃거나 인생에 대한 조언을 구하고 싶을 땐 주변에서 멘토를 찾아 상담을 받거나 좋은 책을 구매하여 읽기를 권한다. 내가 읽은 책들에서는 하나같이 '가족'과 '전문가'를 후원자로 만들라고 조언하고 있다. 아무리 똑똑한 사람이라도 혼자만의 머리로 세상을 살아가기는 영 부족하다. 세상을 살아가는 데 있어서 가장 가까운 것이 바로 가족이다. 나는 어려움이 닥칠 때면 가족에게 도움을 청하거나 어려움을 나누어 함께 고민하고 소통하곤 한다. 이렇게 기쁨과 슬픔을 나누다 보면 어떤 어려움도 헤쳐 나갈 수 있는 용기를 얻는다.

내가 가족 다음으로 중요하게 생각하는 것은 바로 전문가이다. 전문가는 나보다 앞서서 시행착오를 겪은 인생의 선배나 다름없다. 이렇듯 전문가의 조언을 듣고 그들의 삶의 역경을 통해 조언을 얻는다면 인생의 방향성을 잃거나 자신감이 떨어졌을 때 충전할 수 있는 큰 힘이 되어 준다.

전문가가 되기 위한 끊임없는 교육 투자

하지만 장사라는 게 늘 변수가 있기 마련이다. 아무리 장사 수완이 좋은 사람이라도 불황을 막을 수는 없다. 나 역시 남성 정장 브랜드와 계약기간이 끝나면서 불황이라는 불청객이 찾아왔다. 운 좋게 신사복에서 아웃도어 브랜드로 옮겨 갈 수 있었지만 고객이 완전히 달라진 간극을 쉽사리 메울 수 없었다. 거기다 나는 신사복 정장에서의 성공에 고무되어 막연하게 또 다른 성공을 기대하고 있었다.

오랜 시간 함께한 고객들이 아웃도어 매장을 찾아 주셨지만 그것만으로는 역부족이었고, 매장은 실적을 올리는 데 난관에 봉착했다. 어떤 일이 있어도 핑계대지 말자고 다짐했지만 자꾸만 나빠진 경기를 탓하고, 백화점을 찾아 주는 고객이 적음을 탓하고, 브랜드의 인지도를 탓하고 있는 나를 발견하게 되었다. 평소 소신인 '인생에 변명하지 말자'와는 정반대되는 생각과 행동이었다. 순간 망치로 머리를 얻어맞은 기분이었다.

그 당시 어떻게 하면 위기를 극복할 수 있을까? 고민하던 중 비즈니스 성장 세미나 소식이 있다는 것을 듣게 되었다. 세미나 하나는 기초적인 비즈니스에 대한 이야기를 듣는 자리라 단돈 7천 원만 내면 되는 거라 괜찮았는데, 그보다 확장된 세미나의 경우 330만 원이라는 다소 부담되는 비용이었다. 그러나 앞선 강의와 달리 훨씬 구체적인 내용을 담고 있었고, 무엇보다 강사님과 좀 더 소통할 수 있다는 메리트가 있었다.

나는 고민에 빠졌다. 새로운 도전 위해 투자를 할 것인가? 아니면 넋 놓고 오는 고객을 기다리기만 할 것인가? 어떻게 이 위기를 극복할 것인가?

당시 나는 머리가 복잡했다. 아웃도어 매장을 열고 2년 동안 지속된 불황으로 매출이 뚝 떨어진데다 카페를 오픈하는 친구에게 돈을 빌려 주는 바람에 통장에 잔고가 거의 없다시피 했다. 그렇다고 아직 자리도 못 잡은 친구에게 돈을 돌려 달라고 할 수도 없는 난감한 상황이었다. 소위 잘 나가는 고액 연봉자가 돈 몇 백만 원 때문에 쩔쩔 매야 하는 것이 한심했다.

하지만 내가 누구인가? 이럴 때일수록 위축되면 안 될 것 같다는 생각이 들었다. 무엇보다 이제 더 이상 내려갈 곳이 없으니 올라갈 일만 남았다는 판단이 들었다. 그러자 '앞으로 돈은 또 벌면 되지.' 하는 마음으로 은행에서 대출을 받기로 결심했다. 지금 이 강의가 내게 어떤 기회를 안겨 줄진 모르겠지만, 이곳에서 배운 것을 바탕으로 다시 한 번 심기일전하자는 생각이 들었다.

결론은 20년간 장사를 한 베테랑 강사의 강의를 통해 실전 경험에서 우러난 노하우가 나를 강하게 자극했고, 영업을 하는 데 있어 필요한 질문에 대한 답을 얻음으로써 그동안 잊어버리고 있었던 열정을 다시금 되찾을 수 있었다. 3백만 원이라는 고액의 강의였으나 그 금액이 전혀 아깝지 않았다.

그 외에도 스펀지가 물을 빨아들이듯이 다양한 강의를 들으며 어느새 잊어버렸던 간절함을 다시금 되살릴 수 있었고, 새로운 만남과 다양한 교육 프로그램을 통해 앞으로 내가 어떻게 업무를 해야 할지, 매출을 끌어올리기 위해서 어떻게 해야 할지 등을 배울 수 있었다.

교육을 받기 위해 은행 대출을 받은 행동이 다소 무모하긴 했지만, 그 몰입의 시간을 통해 나는 다시금 열정과 자신감을 되찾았다. 그러자 매장도 활기를 찾기 시작했다. 매출이 없다고 인상을 쓰기보다 무엇이 문제인지 다시 한 번 생각해 보고, 작은 것부터 하나씩 시정하기 시작하니 그동안 눈에 보이지 않았던 것들과 놓쳤던 것들이 하나씩 보이기 시작했다. 그렇게 다시금 매장을 정상 궤도에 올려놓은 상황에서 S백화점 강남점 매니저로 아웃도어 브랜드 본사에서 러브콜 제의를 받았다. 긴긴 불황이란 터널을 뚫고 다시금 찾아온 기회 앞에서, 더불어 나를 알아봐 주는 사람이 있다는 사실에 감사한 마음과 고마움을 이루 말로 표현할 수 없었다. 무엇보다 세상에서 가장 무서운 돈인 빚을 져가면서 한 공부가 헛되지 않고 결실을 맺을 수 있었으며, 그 결실들을 다른 환경에서 펼칠 수 있다는 것이 가장 기뻤다.

"행운은 매달 찾아온다. 그러나 그것을 맞이할 준비가 되어 있지 않으면 거의 다 놓치고 만다. 이번 달에는 이 행운을 놓치지 말라"는 데일 카네기의 말처럼 나는 매달 찾아오는 행운이라는 성장을 맞이하기 위해 항상 준비하고 있다. 나에게는 열정이 있고 두려움을 버티는 깡이 있으며, 끊임없는 자기계발을 통해 늘 성장하고 있다는 사실이 이를 증거한다.

내가 개척한 인생의 등산로란
오로지 배우는 것이다

> 자기 분야에서 최고로 성공하고 싶다면
> 먼저 한 분야의 최고 전문가가 되라.
> 자신의 능력을 여기저기 나눠 쓰는 일은 자제하라.
> 나는 이제껏 여러 일에 손대는 사람이
> 돈을 많이 버는 것을 거의 보지 못했다.
> — 앤드류 카네기

회색빛이었던 유년시절부터 느낀 건, 신이 내게 준 선물 중 가장 큰 선물은 절실함이라는 것이었다. 절실함이라는 선물이 없었다면 과연 내가 어떻게 이 자리에 있을 수 있을까 싶다.

초등학교 졸업 후 1년을 집안일을 하며 중학교와 고등학교를 가길 간절히 원했다. 학교를 가고 싶은 절실함에 나는 더욱 책에 의지했고, 배움의 결핍은 나의 열정을 일깨워 주었다. 나는 무엇이든 배우고 싶었다. 그리고 무엇이든 배울 준비가 되어 있었다. 밤낮없이 방직공장에서 일을 하면서도 손에서 책을 놓지 않았고, 야근 후에 졸린 눈을 비벼 가며 도서관을 다닌 결과 뒤늦게나마 고등학교 졸업장을 손에

쥘 수 있었다.

성공한 사람들의 공통점은 하고자 하는 일에 대해 굉장히 절실했다는 점이다. 나는 결핍을 이겨 나가기 위해 배움을 선택했고 꼭 해내야 한다는 간절함이 있었기 때문에 성장할 수 있었다. 나는 12시간 공장 일을 하면서 피아노 레슨을 받기도 했고, 중고등학생들 사이에서 꿋꿋하게 컴퓨터학원도 다녔다. 심지어 유치원생들과 함께 주산교육도 받았다. 주변에서는 그렇게까지 할 필요가 있냐며 만류하기도 했고, 학원 선생님들은 어린 친구들 틈에서 공부하기 괜찮겠느냐고 우려 섞인 목소리를 내기도 했다.

하지만 나는 시간이 허락하는 한 무엇이든 닥치는 대로 배우고 싶었다. 아이들 틈에서 배우는 건 부끄럽지 않았다. 어느 곳이든 받아만 주면 등록을 하고 열정을 다해서 배움에 임했다. 그렇다고 내가 만능인이 되기 위해서 그랬던 것은 아니다. 지금 와서 생각해 보면 때맞춰 배우지 못했다는 것에 대한 결핍이 컸던 것 같다.

그러나 과유불급過猶不及이라 했던가? 그렇게 사회에 나와서도 절실함과 간절함이라는 이름 아래 온몸을 던져 일을 했더니 깡으로 버텨 온 내 몸뚱이는 고통을 하나둘씩 밖으로 표출하기 시작했다. 바빠서 병원에 갈 시간이 없다는 핑계로 감기를 오래 방치해 급성 폐렴으로 입원한 일도 있었고, 하루 종일 서서 일을 하다 보니 하지정맥류 4기로 종아리에 혈관들이 터질 듯이 튀어나와 수술을 안 하면 안 되는

chapter 4

일까지 일어났다. 거기에 면역력 저하로 이석증까지 와서 어지러워서 서 있기조차 힘든 지경까지 왔다.

돌이켜 생각해 보면 가족들과 먹고살아야겠다는 생각이 먼저라 정말 내 몸을 아끼고 사랑하는 방법을 몰랐다. 어릴 때부터 힘들어도, 아파도 그저 괜찮은 척하며 버티던 것이 나이를 먹은 지금까지도 습관처럼 남아 있는 탓이다.

그럼에도 나는 힘들다고, 아프다고 그 자리에 주저앉아 있기를 선택하기보다는 한 발짝이라도 더 나아가길 권한다. 물론 지칠 땐 잠시 쉬어가야겠지만 힘들다고 그 끈을 놓아 버리고 나면 나중에 아무것도 남지 않았다는 후회와 절망이 덮쳐 더욱 힘들어지기 때문이다. 그래서 나는 폐렴으로 앓아누웠을 때도, 하지정맥류 수술을 받아 옴짝달싹하지 못했을 때도 곁에 책을 두고 배움의 끈을 놓지 않았다. '내 몸을 돌보지 않고 아끼지 않았구나!'라는 생각도 잠시, 비록 일을 하진 못하지만 여유 있게 책을 읽을 수 있음에 감사하는 마음을 갖고 내게 주어진 시간을 허투루 쓰지 않기 위해 더욱 노력했다.

조금 달라진 것은, 예전엔 강박적으로 책을 읽고 무언가를 배우려고 했다면, 나를 삶의 주체로 삼기로 결정한 지금은 배우는 것에만 급급한 것이 아니라 왜 배워야 하는지, 나에게 어떤 것들이 필요한지 나 자신에게 질문을 던져 보고 해답을 찾아나간다는 것이다.

이런 생각의 변화와 배움에 대한 자세를 달리하니 실제 매장 운영에도 엄청난 도움이 되었다. 늘 쫓기듯이 바쁘게 살았던 때보다 한결 여유도 생겼고, 이미 신청한 프로그램들 때문에 늘 번번이 놓쳐야 했던 본사 혹은 백화점에서 제공하는 교육이나 체험에도 가장 먼저 참여할 수 있는 시간도 생긴 것이다. 그런 감정적인 여유를 통해 내가 스펀지처럼 빨아들였던 지식들을 다시 곱씹을 수 있게 되었고, 문장으로만 받아들였던 것들을 다시 한 번 생각하며 그 저변에 깔린 깊은 뜻을 다시금 살펴볼 수 있게 되었다.

그렇게 하자 신입 직원들 및 동료 직원들에게도 한층 더 깊어진 철학으로 그들의 고민을 들어줄 수 있게 되었고, 문제를 해결함에 있어서도 이전의 나보다 좀 더 지혜롭게 대처할 수 있게 되었다. 고객들과의 관계도 한결 편해졌는데, 다방면에서 쌓은 지식들이 시너지를 일으켜 어떤 고객이 와도 편하게 대화를 하니 그것들이 모두 칭찬으로 돌아왔다.

"전 매니저는 어쩜 그렇게 모르는 게 없어? 정말 인물이라니까."

몇 년 전 화제의 드라마 〈미생未生〉의 마지막 회에서 직장 상사인 오상식이 주인공 장그래에게 했던 말이 있다.

"희망이란 본래 있다고도 할 수 없고 없다고도 할 수 없다. 그것은 마치 땅 위의 길과 같은 것이다. 본래 땅 위에는 길이 없었다.

한 사람이 먼저 가고, 걸어가는 사람이 많아지면, 그것이 곧 길이 되는 것이다."

　이렇듯 처음엔 결핍으로 시작했던 배움에 대한 갈망은 나를 끊임없이 무언가 배울 수 있게 해 주었고, 그 결과 누구나 지나갈 수 있지만 아무나 지나갈 수 없었던 고액 연봉의 판매사원이라는 인정도 받게 되었다. 그러나 나는 지금도 고민한다. 아직도 길이라 할 수 없는 길을 지나고 있는 이때, 누군가가 뒤에서 걸어오는 사람을 위해 조금 더 길을 길답게 다져 놓을 수 있기를 말이다.

하늘은 스스로 돕는 자를 돕는다

　나는 판매사원 일을 하는 동안 늘 고객들에게 멋지게 코디를 해 주고 싶었다. 고객에게 그냥 옷만 파는 것이 아니라 디자이너나 코디네이터들처럼 컬러에 맞는 코디를 하고, 옷을 제대로 입히는 테크닉을 배우고 싶었다. 마침 백화점과 본사와의 협약으로 각 매장에서 한 명을 뽑아 코디네이팅에 관한 전문교육을 시켜 준다고 했다. 나는 속으로 쾌재를 불렀다. 일을 하면서도 정말 배우고 싶었던 분야였는데 회사에서 지원해 준다고 하니 마다할 이유가 없었다.

　다만 교육기간이 지그만치 6개월이나 되어서 각 매장에서는 부담스러워했다. 가뜩이나 일손도 부족하고 바쁠 때인데 6개월이나 근무도중 나가야 하니 눈치가 보여 중간에 포기하는 사람도 많았다.

하지만 나는 포기할 수 없었다. 나는 출근을 남들보다 빨리하고 교육이 끝나면 폐점 시간이 다 되어 가도 꼭 매장에 들러서 할 일을 하고 퇴근했다. 그래서 다른 직원들보다 한 시간씩 늦게 퇴근하는 날이 많았다. 눈치가 보여도 배울 건 배우고 싶었으며, 이런 제도를 만들어 준 것이 고마워서 누구보다 성실하게 수업을 듣고 싶었기 때문이다. 또 수업을 듣는 직원들이 열심히 해야 본사에서 보기에 다음 기수를 만들 명분이 생길 거란 판단에서였다.

나만 듣고 끝내는 것이 아니라, 좀 더 많은 직원들이 혜택을 볼 수 있었으면 하는 마음에 누구보다 집중해서 수업을 듣고 과제도 성실히 수행했다. 코디할 때 기본인 색감이나 기술 등을 배우는 것이어서 숙제도 실전처럼 수행해야만 했는데, 잡지책을 찢어서 붙이고 컬러 패밀리(색깔로 이루어진 그림이나 사진)도 직접 나누어 보면서 적극적으로 수업에 참여했다.

어떤 날은 수업 중에 단골고객이 매장에서 나를 기다린다는 연락을 받고 지하철을 타고 뛰어서 매장에 갔다가 다시 남은 수업을 받기 위해 되돌아간 일도 있었다.

사실 그렇게 바쁜 중에도 6개월 코스를 마칠 수 있었던 원동력은 또 하나의 절실함이었다. 매장 직원들은 본사에서 내려오는 방침을 적극 따라야 하면서도 왠지 모를 열패감劣敗感에 사로잡혀 견제하는

chapter 4

경우도 종종 있는데, 이런 과정을 본사 직원 및 디자이너들이 거쳐야 하나의 상품을 기획한다고 생각하니 저절로 그들을 존경하게 되었다. 그때부터는 본사에서 내려오는 디스플레이 제안이나 방침 등을 적극 활용하여 적용하게 되었다.

그렇게 6개월 수업을 마치고 성취감에 사로잡혀 있을 수 있었지만, 나는 더 배워야겠다는 욕심에 패션학원에 등록하여 추가적으로 코디를 배웠다. 누가 하라고 등 떠민 것도 아닌데 좀 더 배우고 싶고, 좀 더 알고 싶은 마음에 스스로 등록을 한 것이었다. 그런데 재미있는 것은, 코디 과정을 수료하고 나자 주변 동료 및 직원들이 더욱 나를 더 신뢰를 하게 되었다는 것이다.

이전에는 막연하게 감으로 고객에게 제품을 권하거나 본사에서 내려온 방침에 따라 신제품 위주로 물건을 권했다면, 6개월 코스와 코디 과정을 통해 보다 전문적인 지식으로 제품을 바라보고 고객에게 권하게 되니 제품을 판매함에 있어서도 설득력과 힘이 생기기 시작한 것이다. 직원들도 내가 추천한 코디를 적극 수용하게 되었고, 내가 하는 말이라면 '분명 이유가 있을 거야'라고 생각하며 무조건 수긍을 하기 시작했다.

그런 나의 적극적인 모습과 긍정적인 효과는 본사에도 조금씩 소문이 나기 시작했고, 본사의 기획팀들과도 자연스럽게 친분을 쌓게 되었다. 배운 것을 업무에 접목시키면서 늘어나는 실력을 본사에서도 높이 평가하고 있었던 것이다. 더구나 궁금한 점이 있으면 바로 본사에 연락하여 궁금증을 해결하는 등, 적극적인 자세로 문제를 해결하는 모습을 본 본사에서는 나를 신뢰했다.

"전 소장님만큼만 다른 직원들도 제품에 대한 이해력이 높으면 좋겠어요."

이런 칭찬까지 들으니 비록 일하는 것이라 할지라도 매일 매일이 행복하고 신이 났다. 그러니 성과도 잘 나올 수밖에 없었다. 매출도 눈에 띄게 성장하니 주변에 관심을 한 몸에 받을 수밖에 없었고, 때로는 곱지 않은 시선을 받을 때도 있었지만 가까운 길로 질러가려는 성격이 아닌 매사 기본에 충실하여 묵묵히 걸어가는 나를 모두들 따뜻한 눈으로 지켜봐 주고 응원해 주었다.

"늘 잘되기 쉽지 않은데, 전 소장이 옆에서 하는 걸 보면 잘될 수밖에 없는 사람이라 밉지가 않아요. 그리고 찡그리는 일 없이 매일 웃는 낯으로 대하는데 어떻게 미워할 수가 있겠어요."

나는 그렇게 하나하나를 배우며 이 자리까지 올라왔다. 남들보다 늦은 속도이긴 하지만 포기하지 않고 여기까지 온 내 자신이 참 대견하다. 그렇다고 해서 자만하기보다는 아직까지도 늘 배우는 자세로 겸손함을 잃지 않으려 노력한다. 그러다 보니 화살처럼 지나가는 작은 기회도 놓치지 않고 바로 잡을 수 있었고, 그 기회를 통해 더 나은 위치로 올라갈 갈 수 있었다.

chapter 4

세상에 결점 없는 사람은 처음부터 없다. 나 또한 처음부터 잘하지는 않았지만 하나하나 배우면서 다듬어진 내 모습을 볼 때면 노력은 절대 배신하지 않는다는 진리를 깨달을 수 있었다. 늘 배우는 자세로 하루를 살아가는 한 내 삶은 언제까지나 현재 진행형이다. 그래서 나는 다음의 이 말을 믿는다.

　"하늘은 스스로 돕는 자를 돕는다."

불황엔 유행하는 매체로
고객과 소통하라

> 이 세상 최고의 파산자는
> 열정을 상실한 사람이다.
> 이 세상 모든 것을 상실하고도
> 열정만 상실하지 않는다면
> 그는 다시 성공할 수 있다.
> -H.W.아놀드

앞에서도 언급했듯이 정장 브랜드와 계약기간이 끝나고 쉴 틈 없이 곧바로 아웃도어 시장 쪽으로 자리를 옮기게 되었다. 평상시 성실하게 근무했기 때문에 그 행운을 잡을 수 있었던 것이다. 모든 일엔 거저가 없다. 한 분야에서 꾸준히 일하다 보면 인정을 받게 되고, 그에 이어지는 행운이 다가오면 망설임 없이 잡을 수 있다. 이것이 아웃도어 경력이 없음에도 불구하고 매출 규모가 제법 큰 브랜드로 스카웃 될 수 있었던 이유다.

낯선 환경에서 적응하기란 쉽지 않았지만 고객과 소통하는 맥락은 같으니 판매하는 제품은 달라도 내심 자신 있었다. 아웃도어나 신사복이나 판매의 기본은 같다. 매출을 올리기 위한 판매의 극대화라는 측면에서 연결 판매가 가능하다는 점 말이다. 가령 정장을 구입하면 디자인이나 색상에 맞는 셔츠와 넥타이까지 판매하게 되는데, 아웃도어는 그 품목이나 용품의 수가 더 다양해서 매출을 연결시키는 것이 신사복보다 유리했다.

나는 신사복에서 있었던 장점을 살려 단품 판매보다 연결 판매로 객단가(고객 1인당 평균 매입액)를 올려 매출 규모를 늘리기도 했다. 그런데 이런 연결 판매를 가능케 하기 위해서는 내가 아웃도어 용품을 정확히 숙지해야 한다.

그러나 바쁘게 살아온 탓에 제대로 산행 한 번 다녀 본 적 없으니 산행용품에 대해 모를 수밖에 없었다. 그럴 때면 한 달에 한 번 있는 백화점 정기휴일에 맞춰 직원들과 산행을 하며 용품에 대한 정보를 파악하고, 어떤 옷과 어떤 장비가 필요한지 체험하면서 하나하나 터득해 나갔다. 내가 직접 사용해 보고 걸쳐 본 제품을 판매할 땐 나도 신이 나서 설명하다 보니 고객의 눈높이에 맞춰 설명하게 되었고, 고객 역시 기분 좋게 제품을 구매해 가시곤 했다.

그럼에도 뭔가 아쉬움이 남았다. 신사복과 달리 아웃도어 매장은 색다른 이벤트가 가능하리란 생각이었다. 물론 신사복 브랜드 역시 이벤트를 진행하곤 했다. 자주 이용해 주시는 고객들을 대상으로 고급 식당에서 식사를 대접하거나 소규모 패션쇼를 기획하여 디자이너에게 직접 제품 설명을 듣는 자리에 초대하는 식의 이벤트였다. 다만 고급 브랜드답게 엄숙한 분위기에서 이벤트를 진행하다 보니 조금은 부담스럽기도 했고, 많은 인원을 수용할 수 없다 보니 몇몇 고객에게만 혜택이 돌아가 아쉽던 차였다.

우리 모두 함께하는 '젊은 날에 떠나는 여행'

그런데 때마침 내가 근무하고 있던 브랜드에서 산악인 엄홍길 대장과 함께 산행하는 오픈 축하 이벤트를 추진한다는 정보를 얻었다. 의욕에 찬 나는 엄홍길 대장과의 산행이라는 뜻깊은 이벤트를 놓칠 수가 없었다. 무엇보다 고객들과 판매를 떠나 더욱 가까워질 수 있는 좋은 기회라는 생각이 들었다. 일단 나는 본사에 40명 이상 모시고 가겠다고 큰소리를 치고, 고객들이 매장에 방문할 때마다 진행할 이벤트에 대해 홍보하면서, 함께 참여하자고 적극적으로 대쉬했다. 당시 아웃도어 시장의 규모가 그리 크지 않을 때라 머뭇거릴 법도 하건만 엄홍길 대장과의 산행이라는 매력적인 키워드로 손쉽게 인원을 모을 수 있었다.

결과는 대박이었다. 제품 소개와 판매에 초점을 맞추는 이벤트와 달리 직원들과 고객들이 함께 땀을 흘리고 산에 오르는 과정에서 적잖은 대화와 웃음이 오갔고, 하루 동안 같은 정서를 공유하게 되어 거리감이 사라져 버린 것이다. 고객들은 이런 이벤트를 만들어 주어 너무 고맙다고 이야기했다.

성공적으로 마무리한 첫 번째 산행 이후 본사에서는 두 번째 산행을 추진했다. 두 번째 산행은 내가 주최자가 되어 모든 진행을 진두지휘했다. 첫 번째 이벤트 때 아쉬웠던 점들과 보강해야 하는 것들을 꼼꼼하게 파악하여 좀 더 신경 써서 준비하기도 했고, 좀 더 많은 인원들과 함께할 수 있어서 더욱 뜻 깊은 시간이었다. 두 번째 산행 역시 대박이었다.

그러나 나는 여기서 멈추지 않았다. 오프라인 이벤트의 장점은 단시간에 서로 거리감을 좁혀 친분 관계를 쌓을 수 있으나 시간이 지나면 흐지부지되기 마련이다. 그리고 내가 주최자이긴 하지만 고객들끼리 서로 소통이 될 수 있었으면 하는 마음에, 온라인 동호회를 만들기로 결심했다. 지금은 대세가 되었지만 그때 당시만 해도 N포털에서 제공하는 밴드 서비스는 공지를 전달하는 기능 정도로밖에 사용되지 않았다.

나는 당시 이벤트를 도와주시던 산악회 회장님을 리더로 추대하여 모임을 키워 나갔고, 회원수 천 명이 넘는 빅 밴드로 규모가 커졌다. 정기적인 산행을 기획하고, 전국적으로 번개모임도 진행해 나가자 고정팬 층이 두터워졌고, 연말엔 송년회를 통해 결속력을 다지도록 했다. 그 결속력은 나에게 많은 에너지가 되어 돌아왔고, 실제 N포털에서는 어떻게 이렇게 밴드 운영을 잘하느냐며 우수 밴드로 선정해 주기도 했다.

사실 내가 한 일은 별로 없었다. 그저 산행에 필요한 작은 선물과 편의를 제공했을 뿐이고, 고객들이 좀 더 끈끈한 관계를 맺었으면 하는 마음에서 시작한 이벤트였다. 맹세코 물건을 팔기 위해 기획한 사모임이 아니었다. 그러나 모임에 참여한 고객들은 나에게 늘 고마워하며 산행에 다녀왔다가 매장에 들르기도 하고, 필요한 물품이 있으면 단체주문을 통해 날 잊지 않고 배려해 주셨다. 나는 그 마음에 더 큰 감동을 받기도 했다.

영업이란 몇 평 안 되는 매장에서 고객을 기다리는 것뿐만 아니라 온라인과 오프라인을 넘나들며 직접 고객을 찾아 나서는 일이기도 하다. 새로운 아웃도어 브랜드로 옮기며 기존에 운영하던 밴드는 기존의 리더에게 양도했다. 하지만 지금까지도 잊지 않고 찾아와 주시고 안부를 묻는 고객들이 있다. 나는 그들과 함께라면 어떠한 어려움도 해결해 나갈 수 있을 거라 믿는다.

모든 사람들이 이구동성으로 말한다. 유례없는 불황에 고객이 줄고, 오프라인은 끝났다와 같은 부정적인 말들을 홍수처럼 쏟아낸다. 나 역시 2년간의 불황 때문에 흔들린 적이 있었다. 그러나 그때마다 배움을 통해 끊임없이 돌파구를 찾았고 오프라인 이벤트를 통해 고객의 만족도를 끌어올렸으며, 모임을 기획하여 꾸준한 판매 루트를 개척했다.

손님이 오기만 넋 놓고 기다린다는 것은 무모한 짓이다. 어떤 방법이든 도전해 보자. 어디에든 틈새는 있고 솟아날 구멍도 반드시 있다. 실패하기 두려워서 아무것도 못하고 있는가? 실패는 또 다른 시작이자 나중을 위한 좋은 경험일 뿐이다. 아껴둔 내 인생의 이벤트를 한다고 생각하면 도전은 정말 신나는 일이지 않은가.

패션 어드바이저 자격증으로
자존감을 높여라

> 인생이란 분명 자신의 의지와 상관없이
> 시작되는 것이지만
> 또한 반드시 자신의 의지로 살아가야 하는 것이다.
> 그런 의미에서 인생의 과제는 '아는 것'이다.
> -양창순

합리적 소비를 원하는 고객들을 잡기 위한 기업들의 맞춤형 서비스가 늘고 있다. 백화점 판매사원의 질을 높이고 고객에게 한층 더 질 높은 서비스를 제공하기 위해 S백화점은 2006년 처음으로 패션 어드바이저 인증서 제도를 도입했다. 명동 본점 신축건물을 올리면서 새로운 제도를 도입한 것이다.

　패션 어드바이저란 똑똑한 고객을 위한 맞춤형 서비스를 위해 '판매전문가 양성 프로그램 과정'을 이수한 사람을 말한다. 이들이 바로 '판매전문가 양성 프로그램'을 통해 전문적인 교육을 받은 판매전문가, 즉 패션 어드바이저이다. S백화점의 몇몇 매장에는 이 인증서가 걸려 있고, 액자에 담긴 인증서에는 사진과 이름이 포함되어 있다.

패션 어드바이저가 되기 위해서는 일정 시간 이론 수업과 실기 수업을 들어야 하고, 이 과정이 끝나면 실전 시험을 치를 수 있는 기회가 주어진다. 이때 필기시험과 실기시험 모두 통과해야 하는데다 시험이 정말 어려워서 과반수 이상은 떨어지기 마련이다. 나는 다행스럽게 1기 판매전문가 양성 프로그램 과정을 우수한 성적으로 이수하고 자격증서도 부여받았다.

실제 패션 어드바이저 증서는 판매에 있어서 엄청난 도움을 주었다. 그때 당시 액자에 자격증과 사진을 넣어서 판매에 도움이 될 수 있도록 매장 전면에 전시를 할 수 있게 했다. 제품을 구경하러 왔던 고객들 대부분이 이 인증서가 어떤 것인지 궁금해했고, 어떤 과정을 통해 패션 어드바이저가 되는지 설명해 드리면 고객들 대부분이 신뢰감을 가졌다. 하나같이 전문가는 역시 다르다며, 믿고 올 데가 있어서 기분 좋다고 하시는 분들이 많았다.

그때부터 나는 단순히 상품을 판매하는 개념을 넘어 쇼핑 도우미를 자처하며 전문적인 정보와 지식을 제공하는데 희열을 느끼게 되었다. 남들 눈에는 종이 한 장이라 생각할 수 있지만 이 인증서의 유무로 일개 판매사원과 전문가를 가르는 한끗 차이가 생기는 것이다. 게다가 이 인증서는 고객뿐 아니라 S백화점 본사 직원들과 협력회사조차 인정하는 것이라 이 자격증을 보유하고 있다고 하면, '이 사람은 S백화점에서 인정한 사람이야'라는 타이틀을 달게 되었다.

당시에는 백화점 내에서 치르는 행사가 참 많았는데, 이 인증서를 보유하고 있는 사람들 위주로 행사를 기획하기도 했다. 2008년, 나는 전국 백화점 직무 올림피아드 대회(제4회 S백화점 한마음 축제)에 S백화점 남성부분 대표로 참여하게 되었다. 필기시험과 실기시험, 프리젠테이션과 패션쇼까지 광범위한 분야를 다루는 대회였다. 미션은 모델 3명의 주제에 맞는 코디를 통해 패션쇼 무대까지 완벽하게 꾸미는 것이었다. 전국 대회 규모로 참여 인원이 1천여 명이 넘는 대회라 무려 한 달 넘게 준비했다.

나는 일단 기본에 충실하자를 다짐하고 배운 것 하나하나 생각하며 대회 준비를 했다. 남성부분이지만 키 크고 모델 같은 사람을 뽑지 않았다. 비율이 좋은 사람은 뭘 입어도 잘 어울리기 때문에 현실성이 떨어진다는 이유였다. 나는 신사복 매장에 가장 많이 방문하는 고객들의 평균 체형부터 일상에서 흔하게 볼 수 있는 체형을 가진 세 명의 모델을 섭외했다. 이웃집 아저씨 같이 푸근한 중년 남성 의상으로는 S백화점 본점 남성복 팀장님을 섭외했고, 직장인의 젊은 감각을 소화하는 의상으로는 프로 골퍼를, 키가 큰 20대 신입사원의 의상으로는 명품 G브랜드의 사원으로 이루어진 조합은 한눈에 봐도 정말 재미있었다.

스타일에 맞는 정장과 셔츠 컬러, 넥타이에 액세서리, 구두까지 착장한 세 모델은 무대 위에서 자신들의 매력을 마음껏 발산했고, 한 달 동안 공부하며 준비한 프리젠테이션은 심사위원들의 마음을 사로잡았다. 무엇보다 다양한 모델 체형을 통해 획일화된 매력을 보여 주지 않았다는 점에서 큰 점수를 받았다. 그 결과 우리 팀은 당당히 '패션 마에스터 1위' 자리에 오를 수 있었다.

전국 대회에서 1등상을 거머쥐었다는 점에서 큰 성취감을 느끼기도 했지만, 스스로 나의 가치를 올릴 수 있었다는 점에서 만족도가 더 컸다. 이 대회를 통해 나는 전보다 더욱 성숙해졌는데 한 달 동안 공부하며 열심히 준비한 것에 대한 보상이었다. 높은 성과로 인해 나는 그룹 내 이곳저곳에 불려 다니며 비즈니스 착장에 대한 강의나 컬러 코디나 악세사리 코디법 등으로 사내 특강도 하게 되었다. 심지어 오픈을 앞둔 S백화점 타 지점에서는 매니저 교육자료로 나의 일상을 촬영해서 샘플로 사용하기도 했고, 그 결과 전국 매장에서 날 알아봐 주기도 했다.

최고로 잘하는 팀 파워의 비밀

패션 어드바이저 자격증으로 다양한 기회를 얻게 되니 함께 일하는 매장 직원들에게도 적극 권해야겠다는 생각이 들었다. 흔히 백화점 판매사원이 성장하는 과정을 직원, 주니어, 시니어를 거쳐 최종 매니저가 되는 것이라 생각하는 경우가 많은데, 매니저가 판매사원의 끝이 아니라 더 많은 기회가 있다는 것을 나를 통해 보여 주었으니 너희들도 할 수 있다는 생각을 심어 주고 싶었다. 거기에 '패션 어드바이저 자격증을 딴다면 준비된 인재라는 것을 대내외적으로 보여 줄 수 있는 기회가 되지 않을까'라는 생각도 들었다. 나 역시 어려웠고, 일을 하면서 공부를 하기가 쉬운 일이 아니라는 걸 알지만 자격증을 딸 수 있게 도와주고, 기회가 오면 매니저로 추천을 해 준다면 나 혼자 잘 사는 것이 아니라 함께 잘 살게 되는 것이므로 나와 팀 모두 윈윈할 수 있는 것이라 생각했다.

이러한 나의 뜻을 전하며 직원들에게 자격증을 딸 수 있도록 도와주겠다고 하니 처음에는 직원들의 반응이 냉랭했다. 내가 왜 그런 걸 해야 하냐며 씩씩거리기도 하고, 공부라면 죽어라 하기 싫다고 반항하기도 했다. 그러나 나는 그들에게 왜 이것을 해야 하는지, 이 자격증을 통해 어떤 가능성이 열릴 수 있는지를 나를 본보기 삼아 설명하며 끝까지 설득했다.

사원들의 태도가 조금씩 변화하기 시작했다. 서로 인정받기 위해 공부하기 시작했고, 모르는 것 있으면 물어가면서 자격증에 도전했다. 그들은 매니저님 이름에 먹칠할까 두렵다고 엄살을 부리더니 결과는 반수 이상이 탈락한다는 패션 어드바이저 과정을 모두 합격하기에 이르렀다.

그렇게 하나둘씩 교육을 시키며 매니저가 갖추어야 할 소양과 노하우도 알려 주기 시작했다. 비전을 제시하고, 힘든 시간이겠지만 잘 따라와 준다면 2년 안에 매니저가 될 수 있게 도와주겠다고 약속도 했다. 그랬더니 직원들도 눈에 띄게 더 열심히 하는 모습을 보여 주었다. 한 명 한 명 색깔은 모두 틀리지만 그들의 색에 맞는 방법으로 유도를 했다. 지각을 밥 먹듯이 하는 직원을 위해서는 그에 맞는 방법을 고안해 내기도 했다.

"무조건 나보다 일찍 출근하면 내가 그에 걸맞는 보상을 해 줄게."

처음엔 시큰둥했지만 실제로 나보다 일찍 출근한 날이면 약속대로 보상을 해 주었다. 그리고 온 마음을 다해 칭찬해 주었다. 당연한 결과지만 나쁜 습관을 고친 사람에게 칭찬을 하면 더 잘하기 위해 노력하기 마련이다.

독서를 정말 하기 싫어하는 직원에게는 사비로 책을 사 주고 감상문 한 장을 써 오면 하고 싶은 것을 하게 해 주기도 했고 때로는 깜짝 선물을 사 주기도 했다. 한편 아침 조회 시간에 좋은 글 한 줄씩 읽어 주는 일을 했는데, 그 글귀를 메모한 친구에게도 아낌없는 칭찬을 해 주었다.

사실 요즘 젊은이들이 워낙 독서를 안 하는지라 1년에 두 번, 상반기와 하반기에 한 번씩 책 선물과 수첩 선물을 꼭 했다. 메모 연습을 시키기 위해서였다.

이런 노력 덕분일까. 아침 티타임 시간에 내가 한 말을 메모한 직원이 있길래 나는 마음을 다해 칭찬해 주었다. 그랬더니 직원의 말이 제법 감동적이었다.

"매니저님, 저도 매니저가 되면 이런 좋은 말을 직원들에게 써먹을 거예요."

너스레를 떨며 하는 소리였지만, 나의 작은 행동 하나가 좋은 영향을 미쳤다고 생각하니 무척 뿌듯했다. 이런 눈에 띄는 성과가 보일수록 '인재 양성이 별거인가, 이렇게 같이 성장하면 되지.' 하는 생각이 지배적이었다. 즐거운 매장, 웃음이 끊이지 많은 매장을 만들어 준다면 직원들 역시 잘 따라올 것이란 믿음도 있었다.

사실 나와 함께한 직원들 대부분이 집에서 사랑받고 자란 아이들이 없었다. 가정에 대한 결핍이 있는 친구들이었다. 그래서 나는 어린이날, 크리스마스와 같은 기념일이 되면 부모된 마음으로 각자에게 필요한 선물을 해 주었다. 그리고 날마다 이벤트를 만들어 함께 참여하게 하니 저절로 즐거운 매장이 되었다. 이렇게 웃음이 끊이지 않으니 매출이 오르는 건 당연한 것이었고, 직원들은 칭찬받기 위해 서로 하겠다고 나서기도 했다. 사랑이 부족한 아이들에게 담뿍 사랑을 주니 마음을 열고 다가와 주었다.

물론 처음에는 나의 이런 마음을 의심하는 직원들도 있었다. 그러

chapter 4

나 일주일만 지나면 가족 같은 느낌이라며 기분 좋아했다.

평소 일찍 출근하는 내가 가장 좋아하는 것이 백화점 내에서 우리 매장에 불이 가장 먼저 켜지는 것이라는 걸 알고 직원들은 누구보다 빨리 출근하여 매장의 불을 켜고 청소를 했다. 그러다 보니 타 매장 직원들이 하나둘 출근할 때 우리는 차 한잔을 마시며 어제는 무슨 일이 있었는지, 오늘은 어떻게 보낼지 이야기하며 서로를 다독여 주었다.

가끔 한 번씩 조찬을 하면서 형식적인 틀을 벗고 자연스럽게 의견을 교환하는 시간을 갖기도 했다. 어떨 때는 그 자리에서 이같이 말하기도 했다.

"너희들이 매니저를 하려면 남들과 틀려야 해. 우리는 훌륭한 리더가 되는 연습을 하는 거야. 삼성 같은 대기업이 그냥 성공하는 게 아니야. 이렇게 대기업 사람들은 조찬을 하면서 서로 정보를 나누기도 해. 그런 사람들도 조찬을 하는데 우리라고 못할 게 뭐가 있어. 우리도 식사하면서 서로에게 덕담 한 마디씩 나누어 보자."

그렇게 시작된 우리의 조찬 좌담회는 지금까지도 계속되고 있다. 연초나 연말에는 백화점 내 사무실 담당자를 초대하여 함께 이야기를 나누기도 했다. 이런 행복한 시간을 함께 보내고 출근하니 마음가짐도 남달라질 수밖에 없다. 서로에게 기분 좋은 덕담을 나누니 매장의 분위기는 단연 최고일 수밖에 없었다. 타 매장 사람들은 우리에게 '뭐가 그리 좋아서 하루 종일 웃음바다냐?'하고 물을 정도였다.

장사를 하다 보면 매출이 있을 때도 있고 없을 때도 있다. 매출은 매장의 분위기를 엄청나게 좌우한다. 그러나 매출에 일희일비할 필요는 없다. 우린 잘될 수밖에 없다고 되뇌면서 업무에 임하다 보면 매출은 자연스럽게 따라오기 마련이다. 전 브랜드 내 매출 톱을 찍은 건 아니었으나 팀의 결속력으로 망해 가기 일보직전이었던 매장을 우뚝 일으켜 세운 것만으로 대단하다는 박수를 받았고, 매출 역시 상위권에 오르내리니 주변에서 따뜻한 시선으로 바라볼 수밖에 없었다.

그런 에너지와 힘으로 나는 2년에 한 명꼴로 신사복에서만 6명의 매니저 배출을 할 수 있었다. 남들은 정말 대단하다고 이야기하지만, 이것은 개인의 성장뿐만이 아니라 직원들이 함께 성장할 수 있도록 믿고 따라와 준 덕분이다. 지금 이 순간에도 직원들과 함께 비전과 꿈에 한걸음 다가가기 위한 같은 방향을 바라보며 가고 있다.

나는 이따금 생각해 보곤 한다. 진정한 리더십이란 무엇일까? 나는 게리 맥킨토시의 《리더십의 그림자》라는 책에서 해답을 얻었다.

"리더는 단지 일을 효율적으로 처리하는 사람이 아니다.

리더는 올바른 일을 하는 사람이다.

리더는 목표달성을 위해 수단과 방법을 가리지 않는 사람이 아니라, 올바른 가치관에 따라 움직이는 사람이다.

리더는 자기의 단점을 정확히 알고 자기의 약점을 극복하기 위해 노력하는 사람이다."

이렇듯 올바른 가치관을 가지고 목표를 위해 남을 가르치듯 하지 않고 상대방이 바라는 것을 알아주는 그런 리더로 함께 성장하는 사람이고 싶다.

배움은
튼튼한 동아줄이다

> 인간과 인간의 차이는 재능에
> 있다기보다는 정력에 있는 것이다.
> 꾸준히 정력을 기울이노라면 이것이
> 나중에 몸에 배어 곧 습성이 되는 법이다.
> 설사 열등생이라 하더라도 일에 꾸준히 전념하면,
> 머리는 좋지만 이런 기질이 없는 이들을
> 훨씬 능가하게 마련이다.
> — S. 스마일즈

백화점이란 스트레스가 많은 직장이다. 백화점 오픈 시간 전부터 고객을 맞이할 준비를 해야 하고, 남들이 퇴근하는 시간보다 훨씬 늦은 시간에 뒷정리를 해야 하며, 남들이 쉬는 휴일은 더 바쁜 날이다. 게다가 하루 종일 열 시간 이상 서서 일을 하는 직업이다 보니 늘 피로에 지쳐 집에 가면 녹초가 되기 십상이었다. 그런 탓에 개인 시간은 턱없이 부족하다.

그래서 나는 스트레스를 독서를 통해서 풀었다. 짬짬이 시간이 날 때마다 백화점 지하에 있는 서점에 내려가서 책을 훑어보고 그 속에 담긴 긍정의 언어들을 보면서 잔뜩 상한 기분을 풀기도 했다. 그렇게 시작된 서점 나들이 덕분에 판매에 도움이 되는 세일즈에 관련된 서적을 많이 읽게 되었다. 그것이 내가 자기계발 서적을 많이 읽게 된 계기이기도 하다. 나름 초심을 잃지 않으려고 자기계발 서적을 끊임없이 읽었는데, 지속적으로 독서를 하다 보니 내적 성장과 외적 성장에 크게 변화를 주었다. 어떤 일이 있어도 기본에 충실해야 함은 물론이고 비전을 설정하고 목표를 위해 한걸음씩 나아가야 함도 알 수 있었다.

나는 그렇게 책에서 읽은 지식과 정보를 매장 운영에 적용을 하기 시작했다. 작은 매장의 경영 이야기를 재미있게 직원들이랑 풀어 가는 재미도 쏠쏠했다. 나는 '책 속에 답이 있다'는 진리를 온몸으로 체득했고, 그것을 나누는 과정에서 또 한 번 머리와 마음속에 그 메시지를 새겨넣었다.

가르치는 것은 두 번 배우는 것

백화점 매장은 고작해야 10평 안팎이다. 넓은 매장은 20평 가까이 하는 곳도 있지만, 대부분 작은 매장에서 직원 4명이 근무한다. 그럼에도 나는 전 직원의 간부화를 적용했다. 당시 백화점에서는 거의 모든 매장이 첫째 언니, 둘째, 막내 이런 식으로 호칭으로 부르고 있었다. 그러나 백화점 매장도 엄연히 월급을 받고 일하는 직장이다. 실제

가족도 아닌데 언니니 동생이니 명칭 없이 부르는 건 업무 관계에서도 차질을 빚을뿐더러 고객이 보기에도 전문성이 떨어질 수밖에 없다고 판단되었다.

나는 작은 매장을 운영하더라도 이것 역시 경영이라고 생각했다. 단 네 명뿐인 매장이어도 소장, 대리, 주임 이렇게 전 직원에게 책임감을 부여하고 명함도 만들어 주었다. 명함을 자기 고객 관리를 위한 도구로 써야하기 때문이다. 그래서 우리는 매장 이름과 전화번호가 아닌, 옷을 구매하거나 찾아가시는 모든 분들께 각자의 명함으로 인사드리고 안내하였다. 즉, 자기 고객 관리의 중요성을 인식시키기 위함이었다.

일단 명함에 직책이 있으면 신뢰도가 더 높아졌다. 그러니 자연스럽게 직원들의 책임감도 더 부각시킬 수 있었다. 고객을 실망시키지 않기 위해서는 함께 원단 공부부터 새 상품 디자인 공부까지 추가적으로 할 수밖에 없었다. 고객이 나를 믿고 찾아 주는데, 그 고객을 응대하는 데 있어서 매장 직원이 모르는 게 있으면 말이 안 되는 거란 생각이 머릿속 깊숙이 자리 잡았다. 더불어 직함에 맞게 일을 할 수 있어야 하는데 새로 온 직원보다 잘 모르면 직함이 무색해지기 때문에, 직원들에게 직함이 부끄럽지 않은 위치가 되기 위해서는 공부를 해야 한다고 이야기했다.

새로 온 직원은 며칠 시간을 주고 테스트까지 했다. 보통 다른 매장에서는 따로 알려 주기보다는 눈치로 배우게 하기 때문에 직원들이 알고 있는 지식에 차이가 있다. 그러나 우리는 신입이 공부할 수 있는 매뉴얼을 만들어 숙지시키도록 했다. 많이 알고 있어야 고객이 왔을 때 겁도 안 나고 자신감은 충만하기 때문이다. 이런 것을 부담스러워하면 어떤 직장도 다닐 수 없다. 그냥 남의 집 직원으로 평생 살아야 한다고 이야기하며 배움의 중요성을 끊임없이 강조하면 신입직원들 역시 잘 따라와 주었다.

각 브랜드마다 규칙이 있고 매뉴얼이 있지만 우리는 우리 매장만의 특별한 규칙을 만들었다. 일단 '신나고 즐거워야 한다'는 것이 나의 첫 번째 철학이다. 아무리 우울한 일이 있어도 매장에서는 표시내지 않고 환한 미소로 근무에 임할 것을 당부했다. 그래야 고객을 맞이할 때도 즐거운 마음으로 임할 수 있고, 고객 역시 즐겁게 매장에서 쇼핑을 할 수 있기 때문이다.

두 번째는 우리는 부자든 가난한 사람이든 공평하게 시간을 부여받았다고 강조했다. 그냥 출근해서 오는 고객 기다리며 한탄하는 매장 식구들이 아니라 공평한 시간을 부여받은 우리는 좀 더 시간을 유용하게 쓰기 위해 짬짬이 롤플레잉, 즉 역할놀이라는 것을 하였다. 일명 고객이 되어 보는 놀이다. 한 명은 직원 역할, 다른 한 명은 고객이 되어 입장을 바꾸어서 역할을 해 보면 서로 느끼는 것이 다르고, 그것들을 보완해 가며 부족한 것들을 채워 나갔다.

세상에는 배울 것이 너무 많다. 하지만 우리가 그것을 중요하게 생각하지 않는다면 모두가 무용지물이다. 그래서 우리는 자투리 시간도 밀도 있게 사용하자고 이야기했다.

또한 똑같이 출근하고 똑같이 퇴근하는데 왜 나는 성과가 더 좋고 연봉도 더 높은지에 대하여 직원들에게 끊임없이 주입을 시켰다. 다 같은 시간을 어떻게 쓰냐에 따라서 인생은 달라지는 것을 강조하며, 조금씩 습관화한다면 너희들도 할 수 있다고 긍정적인 기운을 불어넣어 주었다.

목수의 아들로 태어나 증기기관을 발명한 와트는 기계공 시절에 화학과 기계학을 독학하면서 염색업자로부터 독일어를 배운다. 스티븐슨은 야간 근무를 하는 동안 수학과 측량학을 독학으로 공부했고 낮에는 짬을 이용해서 석탄운반차 측면에 몽당 분필로 계산을 하곤 했다. 끈기만 있다면 자투리 시간을 이용하여 큰 성과를 얻어낼 수 있다. 무가치한 일에서 하루 한 시간씩만 떼어 유익한 일에 활용한다면 평범한 능력을 가진 사람도 과학의 한 분야쯤에는 정통할 수 있다. 이렇듯 한시라도 무엇인가 가치 있는 것을 배우고 원리를 깨우치며 좋은 습관을 몸에 익히는 시간으로 써야 한다. 시간을 정복하는 자는 진정한 열정가라 할 수 있다고 한다.

말콤 글래드웰이 쓴 《아웃라이어》에는 〈1만 시간의 법칙〉이 소개되어 있다. 성공하는 사람들의 대부분이 1만 시간을 투자하여 얻어 낸 결과라는 이야기다. 그렇다고 해서 무조건 1만 시간을 투자하면 원하는 것을 이루는 건 아니다. 나는 그 1만 시간도 중요하지만 단 몇 시간이라도 그 시간을 밀도 있게 계획하고 사용하는 것이 더 중요하다고 생각한다. 이런 생각을 직원들에게 알려 주면서 계획성 있는 사람이 되자며 시간의 중요성을 일깨워 주기도 했다. 그래서 남들보다 한 시간 일찍 출근해서 나는 나만의 시간을 알차게 보냈다며 너희들도 한번 도전해 보라고 용기를 주기도 했다.

어린시절부터 배움에 목말라 하며 시간을 쪼개고 또 쪼개서 내가 하고 싶은 것들을 하나씩 이루어 갈 때의 성취감이란 이루 말할 수가 없었다. 그런 희열을 알기에 잠시도 배움의 끈을 놓지 않았다. 배움보다 더 좋은 동아줄은 없다고 생각한다. 아무리 자산이 없고 가진 게 없어도 배움만큼은 절대 배신하지 않는다. 배움은 나에게 소중한 경험으로 자리 잡고 있고, 실패를 했을 때도 두려움을 사라지게 해 주는 든든한 스승이다. 또한 배움은 정년퇴직도 없고 한 번 내 것으로 만들면 쉽사리 도망가지 않는 의리 있는 친구이기도 하다.

나는 직원들을 교육시키면서 그 시간을 한 번 더 배우는 중요한 시간으로 만들었다. 옛말에 교학상장 敎學相長이라는 말이 있다. 가르치고 배우는 과정에서 스승과 제자가 함께 성장한다는 뜻이다. 이 말은 가르치는 것은 두 번 배운다는 의미로도 쓰이는데 내가 교육과 책을 통해 배우고, 그것을 나누는 과정을 통해 나는 한 번 더 배우는 느낌이 들었다.

처음엔 내가 직원들을 가르치면서 내가 배운 것들을 다시금 되짚는다 생각했다. 그런데 시간이 지날수록 오히려 내가 더 배운다는 생각이 들었다. 어떤 직원이든 각각 잘하는 것이 있고 내가 가르쳐 준 것이라도 직원들마다 배우고 익혀 활용하는 법이 달랐는데, 어떤 부분에서는 직원들이 나보다 더 뛰어난 모습을 보여 줄 때가 있었다. 그래서 나는 그런 면이 보이면 즉시 칭찬해 주고, 나 역시 그 직원에게 오히려 배우는 자세로 임했다.

현재 근무하는 아웃도어 매장에서의 일이다. 여직원들은 아무래도 의류 쪽의 상품 설명이 탁월한 반면, 남직원들은 신발이나 스틱 등 용품 설명을 더 잘하고 전문 지식도 풍부하다. 직접 입어 보고 사용해 본 결과 체득한 지식이기 때문에 당연히 나보다 뛰어날 수밖에 없다. 그럴 때면 직원들이 내게 다가와서 신제품의 장단점을 설명해 주곤 했다.

"매니저님, 요 상품은 지난 시즌과 달리 이런 부분이 보강되어 나왔네요. 손님이 물어보시면 모양은 비슷하지만 분명한 차이가 있다고 이야기해 주세요."

"매니저님, 이 제품은 여기 놓여 있는 것보다 이쪽에 두는 게 눈에 띄기도 하고 연결 판매가 쉬울 것 같아요. 손님들이 환절기라 종종 이 제품 찾으시더라고요. 그럴 때 바로 꺼내서 짠! 하고 드리면 좋아하시지 않을까요."

이렇듯 내가 부족하거나 놓친 것들을 직원들이 나서서 챙겨 주기도 하고, 고객이 방문했을 때 한 명이 응대하는 것이 아니라 자신 있는 품목에 대해 단합하여 설명해 주니 고객들도 자신을 더욱 신경 써 준다고 생각하는 분들이 많았다.

절실함 하나로 외로운 시간을 견디며 배워 왔던 지난날의 나와 달리 부족해 보이면 가르쳐 주고, 내가 모르면 또 배우는 과정을 통해 '함께 가야 멀리 간다'는 진리를 다시 한 번 깨닫는다. 나에겐 모두가 스승이다. 그리고 나에게 배울 것이 있다고 말하는 사람에겐 나 역시 스승 노릇을 자처한다. 그러나 그 관계는 결코 상하 관계가 아니다. 어깨를 나란히 하고 서로 같은 방향을 바라보며 함께하는 동반자 같은 존재다. 내게 함께 일하는 직원들이 그렇다.

고객을 자연스럽게 매장 안으로 들어오게 하는 노하우

마부치 사토시가 쓴 《들어가기 쉬운 가게 잘 팔리는 가게》에 다음과 같은 이야기가 나온다.

"자동차 판매 회사에 근무하고 있는 A씨가 하코다테 지점장으로 혼자 부임한 것은 5년 전이다. 당시 쇼룸은 어둡고 음침해서 어느 누구에게도 자동차를 판매하고 있는 곳으로 보이지 않았다. A씨는 곧 매장 안을 정리하고 포스터를 붙여 보았지만 여전히 손님은 오지 않았다.

얼마 후 이 매장 앞에 통행객이 전혀 없다는 사실을 안 A씨는 큰 도로에 있는 슈퍼마켓 앞에 새 차를 전시하기로 했다. A씨는 새 차 옆에 서서 '어서 오세요! 지금 캠페인 중입니다!'라고 힘껏 외쳤지만 사람들은 그 앞을 무심히 지나쳐 갈 뿐이었다. 사람들의 무관심에 지쳐 버린 A씨는 잠시 쉴 겸 매장 맞은편에 있는 커피숍에 갔다. 커피를 마시면서 멍하게 앉아 있는데, 지나가던 사람 몇 명이 차 앞에 잠시 멈추어 서서 구경을 하는 것이었다. '가만히 있을 수 없지. 커피나 마시고 있을 때가 아니야.' A씨는 반가운 마음에 서둘러 돌아왔지만 사람들은 어느새 사라지고 없었다.

혼자하기 때문에 일이 안 된다고 생각한 A씨는 새 차 옆에 책상 두 개를 놓고 직원들을 배치하여 그 앞을 지나가는 사람들에게 열심히 홍보를 하라고 시켰다. 그러나 여전히 사람들은 관심을 보이지 않고 빠른 걸음으로 지나쳐 갔다. 사람들의 눈길을 끌지 못하는 이유가 소리가 크지 않기 때문이라고 생각한 A씨는 이번에는 확성기를 이용해 있는 힘껏 소리를 질렀다.

'어서 오세요. 지금 캠페인 중입니다. 들러 보세요!' 그러자 행인들은 멈춰 서기는커녕 오히려 더 속도를 내어 휙휙 지나가 버렸다. 실의에 빠진 A씨는 혼자 한쪽 구석에 앉아 조용히 책을 읽기 시작했다. 그러자 지나가던 사람 몇 명이 멈춰선 채 새 차 설명서를 열심히 보는 것이었다. 그제서야 A씨는 '아아, 그랬구나!' 하고 깨닫고는 새로운 이벤트를 계획했다. 그것은 바로 퀴즈 이벤트로, 전시되어 있는 새 차와 관련된 문제를 낸 뒤 매장 앞에 나누어 준 퀴즈 응모 용지에 답을 적어 낸 정답자 중에서 몇 명을 추첨하여 다양한 상품을 주기로 했다. 특히 A씨는 아주 기발한 아이디어를 생각해 냈다. 퀴즈의 힌트를 새 차 안에 준비해 둔다는 것이었다.

'힌트는 차 안에 있음!'

손님은 운전석을 들여다보거나, 트렁크를 열어 보거나, 타이어를 만져 보면서 힌트를 찾았다. 손님들이 힌트를 찾기 위해 새 차의 구석구석을 살피는 모습은 마치 이 자동차가 아주 인기가 많아 꼼꼼히 살펴보는 것처럼 보였다. 그래서 퀴즈 응모자뿐만 아니라 차를 바꿀 예정이거나 견적을 상담할 생각으로 많은 사람들이 찾아왔다. A씨는 이제까지 없었던 수많은 미래 손님을 이날 하루에 얻었다."

'어떻게 해야 고객을 매장 안으로 들어오게 할 수 있는지'에 대한 답을 우리는 위의 글에서 얻을 수 있다. '과한 응대에서 벗어나야 하고 매장 안에 활기가 넘친다는 것을 보여 주어야 한다'는 것임을 명심하라.

chapter 5

판매 현장에서
대기업 마인드로 승부하라

자신과 타협하지 말고
기본에 충실하라

> 새벽에 일어나서 운동도 하고,
> 공부를 하고, 사람들을 사귀면서
> 최대한으로 노력하고 있는데도
> 인생에서 좋은 일은 전혀 일어나지 않는다고
> 말하는 사람을 나는 여태껏 본 적이 없다.
> ─앤드루 매터스

  수많은 직원들과 한 공간 안에서 숨을 쉬며 몇 년씩 함께 일하다 보니 세상에는 정말 각양각색의 사람들이 있다는 것을 절실하게 깨달았다. 성실하게 맡은 일에 최선을 다하는 사람이 있는가 하면, 일은 잘하지만 기본적인 소양이 모자란 사람도 있다는 것이다. 가장 신경이 쓰이는 것이 근태勤怠 문제였다.

  매일 함께 일을 하면서도 누구는 한 시간씩 일찍 출근하는 직원들이 있는가 하면 꼭 지각을 하는 직원들도 있다. 지각하는 사람들은 그때마다 상상을 초월하는 창조적인 핑계들을 잘도 만들어 낸다. 교통 체증이나 자동차 고장, 사고 등을 핑계 대는 것은 물론이고 사돈에 팔

촌까지 수시로 사망시키는 일도 다반사였다. 단군 이래 자동차가 생긴 후부터 출퇴근 시간에 차가 안 막힌 적이 있었던가. 어쩌면 매일 차가 막힌다고 할 수 있다. 그렇다면 그것을 감안해서 조금만 일찍 서두른다면 지각하는 일을 없을 텐데도 늘 비슷한 핑계거리를 만들어 내곤 했다.

한 직원 역시 습관적으로 지각을 하는 사람이었는데, 더욱 황당한 것은 어쩌다 자신이 먼저 출근하고 다른 직원이 조금이라도 늦으면 오히려 더 크게 화를 내는 아주 이중적인 태도를 보였다는 것이다.

"아니, 회사가 장난이야? 자꾸 그런 식으로 늦게 오면 어떡해?"

똥 묻은 개가 겨 묻은 개 나무라는 것처럼 오히려 큰소리를 땅땅 치니 곁에서 보기에 영 밉살맞게 보였다. 그런데 이런 류의 사람은 본인의 행동에 대해 스스로 해석도 잘하고 타협도 잘한다. 물론 본인한테만 유리한 쪽으로 말이다. 그럴 때면 나 역시 사람인지라 화가 나기도 하고, 비인간적인 거짓말을 할 때면 함께 일해야 하나 갈등할 때도 있었다. 그때마다 나는 어금니를 질끈 깨물면서 기본에 충실할 수 있도록 방향을 잡아 주어야 한다고 생각했다.

제임스 손튼의 《자연은 나의 영혼입니다》라는 책에 이런 대목이 나온다.

"시간이나 말을 함부로 사용하지 말라. 둘 다 다시는 주워 담을 수 없다. 인생은 경주가 아니라, 그 길의 한 걸음 한 걸음을 음미하는 여행이다. 어제는 역사이고, 내일은 미스터리이며, 그리고 오늘은 선물이다. 그렇기에 우리는 현재present를 선물present이라고 말한다."

이렇듯 이미 흘러가 버린 시간은 되돌릴 수 없기에 하루하루를 충실히 살아야 한다. 그런 삶을 위해서는 바로 기본을 잘 지키고 스스로와 타협하지 않는 것이 중요하다.

일단 나는 직원들을 최대한 이해하기 위해 마음을 다스렸다. 백화점의 경우 늦게 끝나는 일이 반복되는데다 휴일도 턱없이 부족하여 제대로 휴식을 취하기 어려운 건 사실이다. 거기다 늘 매장에 콕 박혀 있다 보니 개인 시간을 사용할 생각은 꿈도 꾸지 못해 더욱 스트레스가 쌓이기 쉬운 직업이라는 것도 잘 알고 있다. 그래서 나는 더욱 그들을 이해하기 위해 노력했다.

나 역시 절실한 마음으로 맡은 바 최선을 다하긴 했으나 때때로 체력적으로 힘들고 아침에 일어나기가 고단하여 한 시간 일찍 출근하자는 나와의 약속도 어기고 싶은 충동을 느낀다. 게다가 내가 그렇게 한다고 해서 타인 역시 그렇게 하라고 강요하는 것 역시 옳지 못하다는 생각이 든다. 물론 밥 먹듯이 지각을 반복한다면 그에 대해 따끔한 충고를 해 주어야겠지만 한 시간 일찍 출근하지 않는다고 해서 그 직원의 태도를 문제 삼을 수는 없다는 것이다. 한 시간 일찍 출근하는 직원에 대한 칭찬과 보상은 적절하게 해 주었지만, 그렇다고 일찍 출근하지 않는다고 해서 그 직원에게 눈치를 주는 행동은 절대 하지 않았다.

다만 다른 직원들의 모범이 되기 위해서는 내가 모범이 되어야겠다는 생각을 했다. 그래서 5분 더 자고 싶은 마음을 억누르며 늘 한 시간 일찍 출근하기를 게을리 하지 않았다. 그러다 보니 직원들에게 따끔한 질책을 하기에 부끄럽지 않았다. 나는 매장 오픈 시간에 임박하여 출근하게 되면 서두르다가 중요한 것을 놓칠 수도 있고, 티타임을 통해 서로 대화를 나누고 오늘 하루의 목표를 설정하는 것이 자신에게 긍정적인 영향을 미친다는 것을 느끼게 해 주어 자발적으로 조금 일찍 출근할 수 있게 만들었다. 한편 근태의 경우, 가장 기본적인 것 중에 하나라는 것을 반복적으로 이야기해 주기도 했다. 물론 피치 못할 사정이 있는 경우도 있기 때문에 예외적인 경우엔 너그러운 마음으로 이해해 주었다.

이러다 보니 자연스럽게 매장 직원들이 타 매장에 비해 한 시간 정도 일찍 출근하게 되었다. 그렇게 잘 따라와 주니 나 역시 책임감이 생겨 직원들에게 하나라도 더 돌려주고 싶은 마음이 생겼다. 그래서 한 달에 한 번씩 독서교육을 진행하기도 했다. 돌아가면서 정한 책들을 기간 내에 함께 읽고 토론하면서 어떻게 하면 보다 나은 내가 될 수 있을지 함께 고민했고, 시대의 흐름에 발맞춰서 어떻게 성장할 수 있을지 토론했다. 목표를 주고 인센티브라는 당근을 걸어서 일하는 것이 재미있도록 분위기를 만들어 주는 것도 좋은 분위기를 만드는 데 한 몫했다. 그렇게 직원들과 소통하며 생활하니 근태 문제는 더 이상 고민이 되지 않았고, 오히려 즐거운 분위기가 될 수밖에 없었다.

그만때쯤 분위기 좋은 매장에 대한 소문이 브랜드 내에서 퍼지기 시작했다. 어떤 브랜드라도 시즌 중 한 달에 한 번은 영업회의를 진행한다. 모두 그렇진 않겠지만 간혹 자신의 경력만 믿고 노력하지 않는 점장들은 그 자리에서 호되게 질책을 당하기도 했다. 대부분 점장이라는 이유로 늦게 출근하고 직원들과 소통도 없이 시간만 때우는 점장들이 그 대상이었다. 영업회의에 참석한 이사님은 회의에서 꼭 내 이야기를 화제로 삼곤 했다.

"남자 열 놈보다 전현미 소장 한 명이 더 낫습니다. 제발 기본 좀 지키세요!"

매니저의 근무 태도가 좋으면 직원들의 근무 태도 역시 말할 것 없다. 그렇다면 매출은 자연스럽게 따라온다. 서로의 에너지가 좋으니 서로 눈빛만 봐도 무엇을 필요로 하는지 알 수 있고, 서로 서포트해 주는 것을 잊지 않으니 매장 분위기 역시 좋을 수밖에 없다. 만약 기본에 충실하지 않고 그날그날의 실적에 따라 기분 내키는 대로 행동하는 것은 살벌한 시장에서 도태될 수밖에 없다. 지금은 사라져 버린 점장들처럼 말이다.

각양각색의 고객을 위한 서비스를 하려면

백화점의 고객층은 그야말로 각양각색이다. 단 몇 분 만에 남들 연봉을 상회하는 금액을 써버리는 사람이 있는 반면에, 한 달 꼬박 일해도 기본급을 벗어나지 못하는 형편이라도 아끼고 아낀 돈으로 좋은 물건을 구매하기 위해 오는 사람도 있다. 개중엔 돈이 많아 보이는 고객에게 더 많은 매출을 올리기 위해 지극정성으로 서비스하는 반면, 행색이 초라하다는 이유로 고객에게 함부로 대하는 판매직원이 있다는 것도 안다.

그러나 나는 고객이 돈이 많건 적건, 좋은 직업을 갖고 있건 말건 그들을 한 사람의 객체로 대하기 위해 노력했다. 그 사람의 성별, 지위 고하를 막론하고 오롯이 고객이라는 존재로 받아들였다. 다시 말해 돈이 많다고 더 품격 있는 서비스를 한 것도, 돈이 없어 보인다고 해서 고객을 문전박대하거나 불친절하게 군 적이 없다는 것이다. 오히려 어떤 고객이 오든 간에 밝은 인사와 친절한 미소를 건네는 건 똑같았다. 고객이 만족할 수 있는 서비스, 그것이 내가 고객에게 드릴 수 있는 최고의 선물이었다.

다만 좀 더 나은 서비스를 제공하기 위해서 노력한 것은 사실이다. 늘 마케팅과 자기계발 서적을 챙겨 읽는 한편 세일즈에 관한 여러 가지 학습을 했다. 가장 기본적인 초심을 잃지 않으려고 지속적으로 자기계발에 힘썼고, 독서를 통해 내가 좀 더 나아질 수 있는 방향에 대해 고민했다. 그렇게 고민을 계속하다 보니 고객의 눈을 현혹시킬 만한 무언가를 할 것이 아니라, 그럴수록 기본에 충실해야 한다는 생각이 들었다. 판매직원으로서 가져야 할 기본적인 것들을 앞서 이야기하기도 했지만, 사실 가장 중요한 것은 기본을 지키며 성실한 모습을 보여 주는 것이 가장 중요하다. 그래야만 고객에게 최고의 서비스를 제공할 뿐만 아니라 나 스스로에게도 부끄럽지 않는 삶을 살 수 있기 때문이다.

살다 보면 기본을 지키기 가장 어렵다고 말한다. 그래서인지 늘 한결같은 마음으로 자신의 맡은 소임을 충실하게 해 나가는 사람, 혹은 기업을 보면 대단하다는 감탄사가 절로 나온다.

일명 연예인 샴푸라 불리는 천연 샴푸를 생산하는 에포코리아는, 단순히 물건을 제조하고 판매하는 것을 뛰어넘어 '자연 그대로'의 가치를 전달하기 위해 노력한다. 이곳의 제품은 30년간 리뉴얼을 하지 않은 곳으로도 유명한데, 30년 앞을 내다보고 제품을 만들었기 때문에 리뉴얼을 할 필요가 없었다고 당당하게 이야기한다. 고객에게 최상의 제품을 선사하기 위해 신중하게 제품을 만들었을 뿐만 아니라, 겉포장을 요란하게 바꾸는 것보다 내실 있고 진정성 있게 고객에게 다가가는 것이 최고라는 걸 진즉부터 알고 있었던 것이다. 내 가족에게 주어도 부끄럽지 않은 상품을 만들었다는 건 결국 오로지 고객만을 생각하며 기본에 충실했다는 것처럼 느껴져 그 말이 더욱 진정성 있게 다가왔다.

판매 역시 마찬가지다. 화려한 말발로 물건을 포장하여 판매하는 것보다, 나의 진심을 팔아 고객에게 진정한 감동을 전하는 것. 그것이 바로 판매의 본질이다.

인재 양성은
가장 큰 미래 비전이요 투자다

> 사람들이 너희 회사는 무엇을 만드는 회사냐고 물으면
> "우리 회사는 사람을 만듭니다"라고 대답하세요.
> -마쓰시타 고노스케

내가 백화점에 입사한 초기만 하더라도 백화점 내에서 직원들을 위한 기본적인 교육 프로그램이 있었다. 서비스 마인드 교육이나 이미지 컨설팅 교육, 동기부여와 같이 판매에 직접적으로 도움이 되는 교육뿐만 아니라 인생 전반을 살펴보고 설계해 볼 수 있는 프로그램 말이다. 그런데 무슨 까닭인지 요즘은 좋은 교육들이 많이 사라져 버려서 아쉬움이 남는다. 나 역시 그런 교육 프로그램을 통해 보다 나은 매니저가 되기 위한 발판을 마련했기 때문이다.

사실 실제 현장에서 근무하는 판매사원들이 자발적으로 자기계발을 하기에는 한계가 있다. 긴 시간을 매장 내에서 근무하며 추가적

으로 교육을 받는다는 것은 말처럼 쉬운 일이 아니다. 그런 면에서 보면 이제는 서서히 사라져 버린 백화점 내 직원 교육 프로그램이 다시금 생겨야 할 필요성을 절실히 깨닫는다.

백화점에서 근무하는 판매사원 대부분이 감정노동의 스트레스에 무방비로 노출되어 있다. 지금은 고객들 역시 성숙하게 변화하고 있지만 불과 몇 년 전만 하더라도 고객이 잘못을 해도 무조건 직원들이 사과하고 죄송해야 했다. 그런 문제 때문에 이직률이 높아 좋은 사원들을 놓쳐야 하는 현실이 무척 안타깝기도 했다.

회사든 백화점이든 장기 근무하는 직원이 있어야 고객 관리 부분에서도 신경을 쓸 수 있고 업무의 시스템을 자연스럽게 익혀 일에 대한 능률을 올릴 수 있다. 백화점의 경우 새롭게 들어오는 판매사원들을 교육시켜 매장을 잘 돌아갈 수 있게끔 만드는 것이 장기 근무 직원들이 해야 할 일이기도 하다. 그렇게 하기 위해서는 백화점 및 협력회사에서 교육을 통해 소속감과 애사심을 느낄 수 있게 해 주고 스스로를 성장시킬 수 있도록 돕는 프로그램이 제공되어야 한다. 의미 없는 세미나나 강의가 아닌, 왜 이 일이 중요하고 훌륭한 일인지에 대해 지속적인 교육으로 자긍심을 일깨워 주어야 하는 것이다.

나 또한 판매사원으로 근무하며 '내가 왜 이렇게 힘든 일을 하고 있지.' 하고 생각하며 의욕이 사라져 버리는 순간이 있었다. 그럴 때 나는 이러한 교육의 힘으로 버티곤 했다. 결국 끊임없는 자기계발을 통해 나라는 존재의 의미를 찾고 자긍심을 고취시켜 훌륭한 매니저가 될 수 있도록 스스로를 다독였다.

그런데 안타까운 것은 백화점 판매사원들의 목표가 마치 매니저가 되는 것으로 생각하는 사람들이 많다는 것이다. 물론 매니저를 목표로 삼는 것이 잘못됐다는 것이 아니다. 문제는 자기계발에는 공을 들이지 않고 허송세월을 보내면서 저절로 좋은 매니저가 되길 꿈꾼다는 것이다.

내가 생각하는 매니저란 백화점 내 판매조직에서 리더가 되는 일인데, 리더가 되기 위한 마음가짐과 포부를 키워 나가거나 치열한 공부를 하는 사람이 거의 없다. 적어도 자신이 매니저가 되었을 때 직원 관리는 어떻게 해야 할지?, 매장 구성은 어떻게 해야 할지?, 고객 관리는 어떻게 해야 할지?, 인간관계는 어떻게 풀어 나가야 할지? 등등의 역량이 필요함에도 매니저만 되면 모든 것이 저절로 이루어지는 줄 아는 것이 무척 안타깝다.

나는 항상 그런 부분이 마음에 걸렸다. 한 매장의 리더인 매니저를 만들기 위해서는 제대로 된 교육을 받을 수 있는 교육센터가 필요한 것은 물론이고, 그러한 교육센터에서 이수 과정을 통해 선발된 인재만이 매니저가 될 수 있도록 해야 하는데, 현재는 그렇지 못한 것이 무척 아쉽다. 그런데 백화점이나 협력회사나 우수 인력을 찾으면서도 그런 교육을 할 생각은 하지 않고 그저 경력만 우선시하는 모습이 보여 더욱 안타깝기 그지없다. 자회사에서 소화할 수 없다면 아웃소싱을 통해서라도 우수 매니저들을 만들기 위한 교육을 해야 한다.

작은 매장에도 기업 마인드를

삼성그룹을 일으켜 세운 이병철 회장은 생전에 이런 말을 했다.

"기업은 사람이다. 기업은 문자 그대로 업을 기획하는 것이다. 그런데 세상의 많은 사람들은 사람이 기업을 경영한다는 이 소박한 원리를 잊고 있는 것 같다. 세상에는 돈이 돈을 번다는 말이 유포되고 있지만, 돈을 버는 것은 돈이나 권력이 아니라 사람인 것이다."

그는 '기업이 곧 사람'이라는 원칙을 견지함으로써 한국에서 전문경영인의 시대를 열었고, 자원이 일천한 한국에서 인적자원을 통한 경제발전의 비전을 제시했다. 그렇기 때문에 나는 삼성같은 대기업뿐만 아니라 백화점의 작은 매장에서도 사람한테 투자를 해야 한다는 점을 강조하고 싶다. 교육투자는 아끼지 말아야 하는 부분임에도 불구하고 경기가 어려우면 직원 교육비용부터 줄이니 안타까운 현실이 아닐 수 없다. 점점 성장하는 세상 이치와는 반대로 가는 백화점 판매사원들의 열악한 교육환경에 관심을 가질 필요가 있다.

내가 이런 말을 목소리 높여서 할 수 있는 이유는 내가 바로 그 교육의 수혜자라 자부하기 때문이다. 나는 백화점에서 근무하면서 수많은 서비스 교육을 받았다. 백화점 내에서 운영하는 교육에는 한 번도 빠진 적이 없고 사비를 들여서라도 수백만 원짜리 강의도 들었다. 그러면서 좋은 매니저, 매장의 리더가 되기 위해 꿈과 희망을 키웠다. 교육을 통해서 나의 비전을 찾게 됨으로써 후배를 위한 강사가 되고 싶어졌고 책을 통해 더 많은 판매사원들에게 내가 가진 노하우를 전달하고 싶었다.

물론 제 발로 교육을 찾아서 다닌 별난 사람처럼 느껴질 수 있다. 늘 열등감에서 오는 결핍 때문에 교육을 받으며 위로를 받기도 했다. 그러나 교육을 통해 나의 그릇을 채우며 남의 그릇도 채우고 싶은 마음은 결국은 나의 미래 비전이자 나와 같은 길을 걷는 후배들을 위한 투자이기도 하다.

왕젠쓰의 《매장 대화법》이란 책을 보면 "큰 사장은 사람을 키우고, 작은 사장은 자기가 일 한다"라는 말이 있다. 큰 사장은 사람을 부리지만 작은 사장은 바쁘게 일을 한다는 말이다. 큰 사장들은 자신의 능력과 자원이 무소불능이 아니라는 사실을 잘 알기 때문에 자원을 활용하고 직원들의 적극성을 유도하는 데 능하다. 이들은 매일 어떻게 하면 우수한 인재를 곁에 둘 수 있을까 고민하는 동시에 직원 양성을 위해 지속적인 투자를 아끼지 않는다.

반면에 작은 사장들은 매우 근면하고 유능함에도 불구하고 지나치게 자신에게만 의지하면서 다수의 힘을 소홀히 여긴다. 게다가 대개 배우는 것을 싫어하고 뭐든 자신이 직접 해야만 직성이 풀리기 때문에 평생을 고생하고도 사업은 늘 제자리걸음이다.

6명의 매니저를 배출하다

앞서 짧게 설명한 바 있지만 나는 10여 년을 판매매니저로 근무하며 6명의 매니저를 배출했다. 보통 백화점 판매사원은 주니어, 시니어, 매니저 순으로 직급이 결정되는데, 매니저가 되기까지 평균적으로 10년의 세월이 걸린다. 브랜드 특성에 따라 적게는 5년에서 많게는 10년도 더 걸리는 경우가 다반사다. 제대로 된 직원을 구하기도 힘든데 그렇게 많은 매니저를 어떻게 배출할 수 있었느냐고 묻는 사람들이 많다. 나라고 왜 내 손으로 가르친 직원들을 내보내는 게 아깝지 않았을까. 다만 내가 처음 판매사원이 되어 배울 때를 생각하며 그들에게 비전을 제시한 덕분이다.

신통치 않은 리더는 아무리 애를 써도 직원들이 따라오지 않는다고 푸념을 한다. 나는 푸념 대신에 솔선수범을 하면서 그들에게 비전을 제시했다. 비전을 가진 것과 그렇지 않은 것은 일의 효율에 있어서 큰 차이가 난다는 것을 알기 때문이다. 사실 그것이 나의 매장 운영의 전략이기도 하다.

일단 나는 내가 한 말은 무조건 지키려고 노력했다. 말은 약속어음이기 때문이다. 나는 아예 면접을 볼 때 본인이 잘해 주면 2년 안에 매니저 만들어 준다고 약속을 했다. 처음엔 직원들도 반신반의했지만 앞서 매니저가 되어 나간 직원들을 보고 주위에 소문이 나기 시작했다. 그 누구도 매니저로 만들어 주겠다고 약속을 한 뒤 일을 하지 않기 때문에 실제 매니저가 배출된 것을 보자 서로 같이 일하고 싶다고 연락을 해 오기도 했다.

직원들에게 이렇듯 확실한 비전을 제시하니 모든 일이 술술 풀렸다. 이러한 비전 혹은 목표 덕분에 더욱 열심히 일할 수밖에 없고 아침 일찍 출근하며, 몸과 마음을 채워 주는 공부 역시 소홀히 하지 않으니 그들의 눈빛이 달라졌다. 좋은 책을 읽고 나누는 것도 모자라 앞으로 시장이 어떻게 변화할 것인지 등을 함께 토론하고 손님 응대하는 기술 등을 나누니 서로서로 발전할 수밖에 없었다. 이러니 매출이 오르는 건 당연한 이치였다. 그들은 그렇게 본인이 쥔 기회를 십분 활용하여 좋은 매니저로서 한 매장을 책임지게 되었다.

한 매장의 판매관리자가 되기 위해서는 나무 한 그루만을 보는 것이 아니라 숲 전체를 바라볼 수 있어야 한다. 결국 우수한 판매사원이 좋은 매니저가 될 확률이 높기 마련이다. 다만 이러한 과정을 거치기 위해서는 선배 매니저들의 노력도 필요하지만 백화점 및 협력회사의 도움이 반드시 필요하다. 백화점이나 협력회사에서 인재 양성의 중요성을 알고 프로그램을 통하여 보다 효율적으로 매니저를 배출할 수 있게 도와준다면 더할 나위 없을 것 같다는 생각이다.

브랜드를 인식하고 고객들에게 브랜드의 이미지를 만드는 것은 개인적으로 매장의 직원들의 역할이 가장 크다고 생각한다. 그렇기 때문에 그 틈새를 놓치고 고액의 광고나 스타 마케팅으로 자리를 잡으려고 하는 곳이 대부분이다. 아무리 고가의 광고를 해도 판매자의 서비스를 식별하는 사람은 고객이고 가장 가까이서 민낯이 드러나는 곳이 바로 매장이다. 그러니 고객의 마음속의 이미지와 광고 매장의 첫 느낌이 브랜드를 성장시킨다는 사실을 잊지 말아야 한다.

상품이나 광고 당연히 중요하지만 마지막 관문인 판매자들의 의식도 중요하다. 직원의 용모와 행동거지 등 마음가짐까지 우리는 놓쳐서는 안 된다. 그러므로 이런 의식을 갖고 인재 양성을 위해 끊임없이 노력해야 한다. 매장의 얼굴인 직원들의 살아 있는 의식 수준을 올릴 수 있고 브랜드 스토리와 고객의 스토리, 직원들의 스토리가 공존하는 매장 만들기를 소홀히 해서는 안 될 것이다.

큰 사람은 사람을 키운다

라오왕과 샤오왕이 함께 낚시를 하게 되었다. 구경꾼들은 연못 안의 물고기가 쉽게 낚이는 것을 보고는 줄줄이 낚시 도구를 빌려 와서는 그들을 따라 물고기를 낚았다. 하지만 정확한 낚시 기술을 파악하지 못했기 때문에 물고기를 많이 낚지 못했다. 이때 샤오왕이 낚시 도구를 내려놓고 그들과 흥정을 했다.

"내가 당신들에게 낚시 기술을 가르쳐 주겠소. 대신 그 대가로 각자 다섯 마리를 낚을 때마다 한 마리씩 내게 주시오."

구경꾼들은 일제히 고개를 끄덕여 제안을 받아들였다. 이리하여 샤오왕은 낚시 선생이 되어 한 사람 한 사람 기술을 가르쳐 주고 자세를 바로 잡아 주기 시작했다. 몇 시간이 지나 샤오왕의 어망에는 물고기가 가득해졌다.

반면에 라오왕은 여전히 그 자리에서 묵묵히 물고기를 낚고 있었다. 여전히 근면하고 낚시 기술도 샤오왕 보다 뛰어났지만, 그의 어망에는 물고기가 손가락으로 셀 수 있을 정도만 들어 있을 뿐이었다.

왕젠쓰의 《매장 대화법》에서

'숍 마스터'라는 전문가로서
소양을 닦아라

> 인간은 새처럼 하늘을 날 수는 없지만,
> 마음만 먹으면 아무리 높은 곳에서도
> 얼마든지 뛰어내릴 수 있다.
> – 시바 료타로

'전문성이란 우리가 지식사회에 살고 있는 것을 받아들이고 최적화하는 것'이다. 무엇을 하든, 하고 싶고 잘하는 것이면 된다. 그러나 반드시 그 분야의 최고가 되어야 한다. 지식사회의 법칙은 카지노식 분배 방식을 가지고 있기 때문이다. 이른바 이긴 사람이 다 가져가는 '승자 독식의 사회'라는 것이다. 최고와 최고가 아닌 사람의 차이는 바로 이것이다.

얼마 전까지 직장인에게 직업을 물으면 직장의 이름을 대는 것이 일반적이었다. 'S전자'에 다니거나 'H자동차'에 다닌다고 말했다. 나부터도 'S백화점'라는 말을 스스럼없이 하곤 했다. 지금까지 직장인들은 내가 몸담고 있는 조직이, 곧 나라고 생각해 왔기 때문이다. 그러나 이제는 그러한 시대가 지나가고 있는 것만은 확실하다.

구본형의 《그대 스스로를 고용하라》는 책을 보면 "자기 자신의 브랜드는 스스로 창조해야 되는 것이다"라고 말한다. 어느 직장 어느 분야에서 일을 하는 것이 중요한 것이 아니라 스스로를 고용하고 최고가 되려고 노력해야 살아남는 사회라는 것이다. 그리고 그 노력에는 반드시 '진심'이 있어야 한다는 것이다.

최고란 끊임없이 노력해서 으뜸이 되는 것으로 과정도 없이 최고가 되지는 못한다. 그래서 최고의 관리자가 되려면 기본적인 소양부터 쌓아야 한다고 생각한다. 가장 기본적인 근무 태도는 당연히 잘 지켜야 하고, 매장 관리 능력 중 하나인 직원 관리와 매출을 디자인하며 고객 관리까지도 전문성 있게 키워 나가야 한다. 또한 고객의 아름다움을 추구하는 코디네이터 역할까지도 수행해야 한다. 숍 마스터인 판매관리자가 전체를 내려다보는 진정성 있는 전문가여야만 하는 이유다.

디자이너가 옷을 만든다면 판매관리자는 그 상품으로 매출을 창조하는 아주 중요한 역할을 하는 매장의 얼굴이다. 그렇기 때문에 우리는 전문가 영역에 있는 사람들이라는 것을 정확하게 인지할 필요가 있다. 판매관리자는 판매기술자라고 해도 과언이 아니다. 그러므로 각자의 판매철학이 있어야 한다.

예컨대 고객은 옷을 사지 않았을 때 옷 입어 본 것을 굉장히 미안해한다. 그럴 때 판매사원은 고객이 열 번을 입었다 벗어도 처음처럼 한결같이 대해 주어야 한다. 소수 판매사원들은 그런 고객을 '진상'이라고도 부르며 폄하하기도 한다. 음식도 먹어 봐야 제 맛을 느낄 수 있다. 자장면의 수타면과 기계면의 차이도 먹어 봐야만 맛을 느낄 수 있듯이 하물며 자장면보다 몇 배나 비싼 가격을 주고 사야 하는 옷은 당연히 입어 봐야 하는 것 아닌가.

어느 조용한 날 매장 직원들이 전부 놀고 있었다. 지나가던 고객이 옷을 만지작거리며 입어 보길 망설이고 있었다. 한번 입어 보시라고 권하자 고객이 난감한 듯 이야기했다.

"안 살 거라 입어 보기 미안한데……."

그때 고객이라면 농담을 받아 주실 것 같은 느낌이 왔다.

"앗! 고객님 안 사셔도 돼요. 입어 보시고 돈만 보여 주시고 가세요."

그러자 고객은 웃으며 "그럼 한번 입어 볼까요?"라고 대답했다. 결국 그분은 상품 구매는 하지 않았지만 기분 좋게 옷을 입어 보고 우리 매장의 이미지를 좋은 쪽으로 각인했기 때문에 다음에 재방문할 확률이 높을 것임을 예상할 수 있었다.

이런 작은 테크닉도 갖추어야 하는 게 판매관리자의 능력이다. 고객의 입장에서 대변해 주는 소양도 때론 필요하다. 이렇듯 판매관리자는 고객 관리의 중요성을 인식하고, 어떻게 고객을 대할 것인지 사명을 갖고 있어야 한다. 나에게도 판매사명선언문이 있다. 사명선언문이라고 해서 거창하게 적을 필요는 없다. 내가 어떻게 나의 업무를 대하고 바라볼지, 그리고 어떤 마음가짐으로 업무에 임할지 솔직하고 구체적으로 적으면 된다. 이왕이면 부정적인 언어보다는 긍정적인 언어를 사용한다면 힘들 때나 지쳤을 때, 초심을 되찾고 싶을 때 당신에게 에너지를 줄 수 있을 것이다.

나 역시 고객으로 인해 마음이 다쳤을 때 판매 사명선언문을 통하여 마음을 다잡고 새로 올 고객을 밝은 미소로 맞이할 수 있도록 노력한다. 손바닥만 한 작은 사명선언문의 효과가 어떤 효과를 불러일으킬지는 알 수 없다. 그러나 당신에게 힘이 되어줄 것은 분명하니 지금 당장 만들어 보길 권한다.

감정노동, 즐거운 마음으로 즐겨라

'스마일 마스크 증후군 smile mask syndrome'은 일본 쇼인여대의 나스메 마코토 교수가 처음 사용한 심리학 용어다. 밝은 모습을 유지해야 한다는 강박에 슬픔과 분노 같은 감정을 제대로 발산하지 못해 심리적으로 불안정한 상태를 말한다. 실제 감정을 억누른 채 늘 웃는 얼굴로 고객에게 서비스 하는 감정노동자들이나 경쟁에 내몰리는 직장인들에게서 흔히 보이는 증상이다.

 판매사원은 언제나 마음 상태와는 상관없이 늘 웃음을 잃으면 안 되는 사람이다. 하루 종일 웃으며 일을 하고 퇴근하고 나면 집에서는 어떤 말도 하기 싫을 때가 있다. 그래서 판매사원들의 고질병은 바로 화병이다. 항상 자신의 감정을 컨트롤하고, 고객에게 맞는 언어와 태도로 고객을 상대해야 하기 때문이다. 이전보다 나아지긴 했지만, 백화점에 방문하는 고객들 중 일부는 고객을 상대하는 서비스직에 근무하는 사람들을 함부로 하는 경향이 있다. 그런 사람에게조차 웃는 낯으로 상대해야 하는 판매사원들은 자신의 감정을 억누를 수밖에 없다.

 '고객은 왕이다'라는 잘못된 사고방식을 갖고 있는 고객은 자신의 마음 내키는 대로 행동하곤 한다. 그 이유는 쇼핑을 구매 목적으로 하기도 하지만 스트레스 해소용으로도 사용하기 때문이다. 그러므로 판매사원은 자신의 감정을 해칠 수 있는 환경에 노출된 상태에서 자신을 좀 더 아끼고 보살필 필요가 있다.

 그동안의 경험에 의하면 자존감이 높은 사람들과 낮은 사람들의 차이가 확연히 보인다. 자신을 정말 사랑하는 사람들은 스트레스에 노출된 환경이라도 감정을 다스리며 오히려 그 상황을 즐기는 면을 볼 수 있었다. 반면 자존감이 낮은 사람들은 화를 참는 것 자체를 힘들어하고 심하면 우울증, 공황장애 등의 증세를 보였다. 피할 수 없으면 즐기라고 했다. 화가 나는 상황을 피하기는 어려울 테지만, 나의 자존감을 키우고 화를 다스리는 나만의 방법을 찾아 그 상황을 슬기롭게 모면한다면 그 경험이 차곡차곡 쌓여 단단해진 나를 만들어 줄 것이다.

나 역시 일을 하다 보면 모멸감이 느껴지거나 자리를 피하고 싶을 정도로 괴로운 순간들이 있었다. 그러나 내가 그 자리를 피하거나 도망치게 되면 누군가 나를 대신하여 사과를 하거나 위기를 처리해야 하는 상황이 발생한다. 나는 나 때문에 타인이 피해를 입는 건 죽기보다 싫었다.

그래서 어떻게든 내가 책임지고 상황을 돌파하면서, 이럴 땐 어떻게 대처해야 하는지 조금씩 배우고 익혀 나가는 수밖에 없었다. 물론 처음엔 힘들었다. 감정적으로 다치기도 했다. 그러나 그 경험이 쌓이다 보니 나중엔 어떠한 상황에서도 겉으로는 당황하지 않은 척하는 대범함을 가질 수 있었고, 까다로운 고객들 역시 웃으면서 대할 수 있었다. 나도 모르는 사이 내가 더 강해진 것이다.

나는 서비스업에 몸을 담았다면 봉사하는 마음으로 고객을 돕고 또한 자신을 위해 즐기라고 말해 주고 싶다. 매장에서 일을 하다 보면 진상고객을 만날 때도 있다. 하지만 그 사람들이 내 인생에서 단 1프로도 차지하지 않는다는 것을 알아야 한다. 우리의 정신이 맑을 때 고품격의 서비스가 나온다는 것을 잊어서는 안 될 것이다.

나 역시 말도 안 되는 일로 고객의 항의를 받거나 백화점을 통해 클

레임에 걸릴 때가 있다. 얼마 전, 매장에 10년을 더 입은 옷을 들고 A/S를 받으러 온 고객이 있었다. 정말 누가 봐도 버려야 하는 상태였음에도 고객은 말도 안 되는 이야기를 했다.

"이거 몇 번 입지도 않았는데 이렇게 삭아 버렸어! 수선해 줘!"

비싼 자동차를 사도 오래 안 굴리면 부품이 부패될 수 있다. 옷도 마찬가지다. 판매사원들은 옷을 보면 라벨을 먼저 살펴본다. 기호로 언제 생산된 제품인지 식별이 가능하다.

"손님, 이 제품은 10년 전에 생산된 제품이라 A/S 보증 기간이 한참 지났습니다."

만약 이렇게 응대한다면 고객 역시 알고 있으면서도 자신을 민망하게 했다는 이유로 건방지다고 소리부터 지른다. 그런 고객을 만날 때면 최대한 웃으며 대하려 노력하지만, 나 역시 사람인지라 쉽지 않은 건 사실이다. 사실 그런 고객들을 살펴보면 대체로 마음이 가난해 보인다. 마음이 부자인 사람들은 그렇게 앞뒤 안 가리고 소리 먼저 지르는 일이 없다. 우리는 마음의 부자가 되어야 한다. 상대방의 기분도 헤아려 주는 그런 넉넉한 사람이 되어야 스트레스 극복도 쉽다.

나는 몇 년 전 정신과 전문의 이근후 박사가 쓴《나는 죽을 때 까지 재미있게 살고 싶다》를 정말 재미있게 읽은 기억이 있다. 저자는 책에서 이렇게 말한다.

"돈에 대한 균형감이 진짜 행복을 만들어 준다. 노후에 유용하게 쓸 수 있는 것은 지난날의 저축이다. 그런데 돈만 저축할 게 아니라 마음도 저축해야 한다. 돈 없으면 어떻게 살아야겠다는 각오를 다져야 한다. 돈만 저축하면 노후가 편할지 몰라도 마음을 저축하지 않으면 돈이 있어도 불행하기 때문이다."

이렇듯 넉넉한 마음의 부자가 된다면 감정노동 따윈 우리가 차곡차곡 마음을 저축하는 과정에 불과하다. 서비스인들이여, 이 또한 즐기며 지혜롭게 대처하기를 바란다. 감정노동 또한 시간이 흐르고 나면 티끌보다 더 하찮은 것들이었다는 것을 깨닫게 될 것이다.

전현미의 판매 사명 선언문

나 전현미의 사명은 고객의 마음을 얻고 그들과 공감하며 소통을 통하여 감동을 주는 것이다.

또 나의 밝은 영혼의 재능으로 인하여 세상의 모든 사람들이 멋지고 당당한 모습으로 살아가도록 그들의 내적 삶과 외적인 삶이 함께 성장할 수 있게 끊임없이 노력하는 것이다.

사후 관리부터가
진정한 고객 관리다

> 보스는 단 한 사람, 고객뿐이다.
> 고객은 회장에서부터 하부의 구성원들까지
> 모두 해고할 수 있는 능력이 있다.
> 고객이 다른 곳에 돈을 쓰면
> 결국 우리는 일자리를 모두 잃을 수밖에 없다.
> -샘 월튼

"상품을 팔기 전에도, 상품을 파는 순간에도, 팔고 난 이후에도 고객에게 최선을 다하라!"

월마트의 창업자 샘 월튼이 한 말이다.

나는 판매에 임하면서 늘 이 문장을 생각했다. 지금은 고객들이 구입 상품에 대한 지식이나 선호도에 대한 주관이 강하다. 그래서 소비자들의 생각을 리드하기보다는 그들의 원하는 욕구를 충족시켜 주고, 그들이 상품을 선택하고 결정하는데 편안함을 제공하는 것이 대세이다.

매장을 방문한 고객이 상품을 구입을 하든 하지 않았든 간에 고객에 대한 관리는 필수다. 왜냐하면 우리 매장을 찾은 고객이라는 것은 평소 우리 브랜드에 관심이 있다는 증거이기 때문이다. 어떻게 보면 구입 의사가 없는 고객에게 더 정성을 쏟는 것도 중요하다. 자꾸 관심을 갖게 만드는 일이, 곧 브랜드를 알리는 일이기 때문이다. 고객의 입장에서는 구입하지 않을 것임을 어필했는데도 불구하고 한결 같은 보살핌에 친절한 인상을 받을 수 있다. 장기적으로 보면 구입할 상품이 있을 때 이곳에 꼭 다시 방문하리라는 인식도 심어 줄 수 있다. 이런 생각이 들도록 정성껏 고객을 관리하는 것이 판매고수들의 고객 관리법이다.

나는 고객을 정성껏 관리하는 정신을 《삼국지》 속의 유비가 한 노파를 업고 강을 건너는 장면에서도 발견했다. 유비는 노파를 업고 몇 번씩 강을 건너며 섬김의 자세를 실천했다. 그는 어찌 보면 너무 바보 같고 답답할 정도이지만 끝까지 인의仁義를 지킴으로써 타 군벌들과 휘하 장수들은 물론 백성들에게까지 신망을 받았다.

너무 거창한 비유인지는 몰라도 나는 국가를 경영하는 일에도 일개 점포를 경영하는 일에도 애민愛民 정신은 필요하다고 생각한다.

이렇듯 우리가 유비의 자세가 되어 고객을 맞이한다면 모든 고객은 우리의 편이 될 것이다. 상품을 구입할 의사가 없는 고객이라도 우리 매장에 눈길을 한 번이라도 주었다면 잠정적인 고객이 될 가능성이 높으므로 더욱 친절하게 대해야 할 것이다. 하물며 선택하고 결정해서 구입한 고객이라면 두 말할 이유가 없다. 판매사원의 정성에 감동해서 구입했든, 상품이 맘에 들어 구입했든 결국 고객은 나를 선택한 것이기 때문이다. 이렇게 만나는 고객을 일주일에 5명이라 가정할 때 한 달이면 20명이요. 1년이면 240명의 고정 고객이 되는 셈이다. 상품을 구입한 240명 중에서 방문 고객, 즉 가망 고객과 함께 O2O^{on line to off line}로 관리만 한다면 우리에겐 쉽사리 불황이 찾아오지 않을 것이다.

정말 고객에게 마음을 얻고 싶으면 먼저 우리가 그의 진정한 친구인 것을 보여 주는 노력을 해야 한다. 판매가 끝나면 그것이 다가 아니라 관심을 보여야 한다. 일주일 뒤, 아니면 수시로 문자나 전화로 불편함이 없는지 관리하다 보면 고객은 자연스럽게 늘어나기 마련이다. 고객과의 편한 일상 얘기부터 가족사, 애경사를 기억하고 챙기며 고객을 애정 어린 눈으로 바라보라. 여행을 다녀온 고객이면 여행 후기와 사진을 같이 보며 설명도 들어 주길 바란다. 그러다 보면 정도 들기 마련이다.

고객들은 판매사원의 스킬을 중요시하지만 그보다 더 인간적인 매력에 더 관심을 가진다. 그런 인간적인 매력을 나만의 차별화 전략으로 삼아야 한다는 것을 잊어서는 안 될 것이다.

진정한 감동은 관계 후에 찾아온다

왕젠쓰의 《매장 대화법》에서 '진정한 감동은 관계 후에 찾아온다'고 말한다.

"판매원은 서비스나 품질을 자신해도 고객은 이를 믿지 않고 더 큰 만족을 주는 다른 매장에 눈길을 주기도 한다. 나는 매장에서 이루어지는 서비스에 대한 연구를 바탕으로 서비스에 두 단계, 즉 고객 만족과 고객 감동이 있다는 결론을 얻었다. 고객 만족은 서비스의 1단계라고 할 수 있는데, 이것이 구매로 곧장 연결되는 경우는 흔치 않다. 그에 비해 고객 감동은 서비스의 2단계이자 최고봉으로 최상의 결과로 이어진다. 감동을 받은 고객은 경쟁상품의 유혹에 대한 '항체'를 보유하게 되는 것은 물론 구매한 상품에 대한 높은 충성도를 보인다. 심지어 주변 사람들에게 대대적으로 홍보하는 역할을 자처하기도 한다. 고객 감동의 효력은 거의 무한대라고 해도 좋을 정도다. 하지만 고객을 감동으로 이끄는 길은 결코 순탄치 않다. 판매원들이 아무리 잘해도 고객을 감동시키기가 쉽지 않기 때문이다. 대부분의 고객들은 판매원의 서비스를 당연한 일로 여기며, 특히 판매 이전의 서비스는 다분히 의도적이라고 간주한다. 이러한 고객들을 감동의 도가니로 몰아넣는 방법이 있다. 판매 후의 서비스가 그것이다."

고객들은 판매 후 서비스에 특별한 관심을 보인다. 기대 이상의 만족을 얻으면 열렬한 반응으로 화답한다. 바로 고객 감동의 효과다.

물론 고객 감동은 저절로 만들어지지 않는다. 제품과 서비스, 특히 판매 후 서비스를 통해 완성되는 것이다. 그중에서도 나는 서비스를 이루는 각 부분의 중요성을 강조한다. 진정한 고객 감동은 남들이 주목하지 않는 미세한 부분에서 일어나는 것이기 때문이다. 이렇듯 세계 어디서나 고객 감동은 멀리 있지 않다. 아주 작은 것 미세함을 읽는 것이다. 한결 같이 관계 형성에 정성을 쏟고 관심을 기울여야 하는 이유다.

유비의 자세

청년 유비가 전쟁으로 시끄러운 나라를 구하고자 귀향을 결정하고 길을 떠나는 길에 커다란 강을 만났다. 강을 건너려고 할 때 한 노파가 도움을 청했다. 유비는 청을 거절 못하고 노파를 업고 강을 건넜다. 그러자 노파는 자기를 다시 업고 강을 건너가자는 것이다. 보따리를 놓고 건너왔다는 이유다.

"당신을 업고 건너는 것은 너무 힘이 들고 위험하니 나 혼자 가서 보따리를 가져 오겠소."

노파는 극구 반대했다. 보따리를 가지고 도망이라도 가면 낭패이므로 꼭 자신을 업고 다시 건너자는 것이다. 참으로 어이가 없는 일이었으나 유비는 노파를 업고 다시 강을 건넜다. 다행이 보따리를 찾을 수 있었다.

유비는 다시 노파를 업고 무사히 강을 건너왔다. 차갑고 거센 강물을 혼자서 한 번 건너기도 힘든 일을 그는 노파를 위해 몇 번씩이나 감행해야 했다.

그런데 더 가관인 것은 노파의 언행이었다. 노파는 고맙다고 하기는커녕 뚱딴지같이 유비에게 묻는다.

"당신이 처음부터 거절해도 상관없는 일을 왜 거절하지 않고 내 청을 끝까지 들어 주었소? 혹시 나에게 대가를 바라는 흑심이 있었던 거요?"

이때 유비는 이렇게 정중하게 대답했다.

"첫 번째 부탁을 들어 주고 강을 건너갔는데 두 번째의 부탁을 거절하면 첫 번째의 내 진심과 수고가 헛될 것이며 세 번째의 부탁을 거절한다면 첫 번째와 두 번째의 내 정성과 수고 또한 헛될 것이기 때문에 추호도 거절할 수가 없었습니다.

만약 내가 그 수고의 대가를 받는다면 나는 두 배 세 배로 받을 일이므로 나는 망설일 이유도 거절할 이유도 없었습니다."

이 말을 들은 노파는 감탄하여 유비에게 어지러운 세상을 구하는 방법을 알려 준다.

《삼국지》에서

신념과 확신 있는
나로 거듭나기

> 자기가 하는 일에
> 신념을 갖지 않으면 안 된다.
> 자기가 하는 일이 좋다고 굳게 믿으면
> 힘이 생기는 법이다.
> – 괴테

순자가 이같이 말했다.

"훌륭한 농부는 가뭄이 들었다 하여 농사를 그만두지 않고, 훌륭한 상인은 손해를 본다 하여 장사를 그만두지 않으며, 군자는 가난하다 하여 진리의 길을 포기하지 않는다."

우리의 삶도 마찬가지다. 결국 완벽한 삶이 아닐지라도 우리의 삶을 열심히 살아야 하는 이유다. 직장에서 일한다는 것은 늘 도전을 하는 것과 같다. 처음 입사했을 때의 초심은 사라지고 시간이 갈수록 힘들어지는 것이 당연하다. 직장 생활을 하다 보면 누구나 크고 작은 실패를 경험하고, 그에 수많은 스트레스를 받게 된다. 한 통계에 따르면 어떤 일에 새롭게 도전했을 때 성공할 확률은 5%밖에 안 된다고 한다. 그러니 실패했다고 세상이 끝난 것처럼 좌절하지 말아야 한다.

실패는 두 가지 얼굴로 우리를 찾아온다. 하나는 '변화와 성장'이고 다른 하나는 '실망과 정체'이다. 실패하지 않기 위해서 노력하는 것도 중요하지만 실패했을 때 어떻게 대응하느냐가 더 중요하다. 포기하지 않는 한 그것은 실패가 아니다. 실패는 더 잘하는 방법을 찾아가는 과정이다.

카피라이터 박웅현이 쓴 《여덟 단어》란 책에 본질에 관한 이야기가 있다.

"내가 하는 행동이 5년 후의 나에게 긍정적인 체력이 될 것이냐 아니냐가 기준이 될 수 있을 것 같습니다. 지하철에서 휴대폰으로 치는 고스톱이, 애니팡이 당장의 내 스트레스는 풀어 주겠지만 5년 후에 나에게 어떤 영향을 줄까요? 본질은 결국 자기 판단입니다. 나한테 진짜 무엇이 도움이 될 것인가를 중심에 놓고 봐야 합니다."

나는 이 글을 읽고 많은 생각을 했다. 계획 없는 목표만 세운 후 실천은 잘하고 있는지, 내 일에 대한 확고한 신념은 있는지, 5년 후의 나의 모습을 상상하며 재정비에 들어갔다. 나는 한 매장의 매니저로서 성장해 있을 모습과 누군가에게 닮고 싶은 멘토가 되리라는 모습을 그리며, 삶의 열정이 바닥이 났을 때도 마음의 길은 잃지 않도록 다듬어 나가고자 한다.

얼마 전 나는 사비를 들여서 도쿄로 패션 연수를 다녀왔다. 한국 VM연구회와 소마교육개발원에서 진행하는 연수로, 우리나라 1세대 VM전문가인 협회 회장님과 동반하여 무척 뜻 깊었다. 연수 동안 일본의 전통이 돋보이는 패션 시장 투어를 하면서 2018년 트렌드를 읽어 보기도 하고, 다양한 브랜드들과의 콜라보 작업으로 이루어지는 시너지를 두 눈으로 목격했다. 뿐만 아니라 현재 일본에서 유행하는 이런 형태들이 어떻게 한국에서 유행할 수 있을지도 미리 예상해 보았다. 더구나 일본 백화점에서 전체 VM(비주얼 매니저)를 담당한 전문가의 특강을 통해 우리 매장에 적용할 수 있는 방법을 고민했다.

동경에서의 5일간의 일정은 나에게 많은 변화를 가져다주었다. 직접 발로 뛰는 연수를 통해 서비스 문화를 온몸으로 체험했고, 아무리 써 봐도 어울리지 않는 모자 앞에서 고민하는 고객에게 자신의 머리끈을 탁 풀러 다시 한 번 모자를 써 보게 하는 한 점원의 판매사례를 들으며 '나라면 어떻게 했을까?'를 거듭 생각해 보기도 했다.

만약 내가 매장을 비울 수 없다는 핑계로 일본 연수를 포기했다면 좋은 정보와 시대의 흐름을 읽을 수 있는 기회를 놓쳤을 것이다. 이렇듯 우리는 끊임없이 도전하고 부딪히며 세상을 보는 눈을 키워야 할 것이다.

내가 꿈꾸는 미래

얼마 전, 신문에서 '미美 오프라인 매장 몰락의 서막, 아마존이 시작하다'라는 기사를 보았다. 현재 미국에서 완구, 패션 등의 업종에 가릴 것 없이 오프라인 매장의 폐쇄가 잇따르고 있는데, 이는 온·오프라인 시장을 장악한 아마존의 급속한 성장 때문이라고 풀이된다는 것이다.

북미 최대 완구 유통업체인 중 한 곳은 800여 개의 오프라인 매장을 철수하기로 결정했고, 미국 최대 가전제품 소매 체인 역시 모바일 전용 매장을 250곳을 폐쇄하기로 결정했다. 이 기사를 보자 공룡 같은 전자상거래업체의 등장으로 인해 영역을 가리지 않고 오프라인 매장이 줄어들고 있다는 사실이 서비스인으로서 위기처럼 느껴졌다. 오프라인 매장이 사라진다는 것은 판매직 사원들이 일할 수 있는 공간 역시 줄어든다는 것이기 때문이다.

아마 우리나라도 예외는 아닐 것이다. 그래서인지 판매직에 있는 서비스인들 사이에서 보이지 않는 미래에 대한 불안감이 날로 커지고 있다. 최근 소비 동향이나 환경의 급격한 변화를 조금씩 체감하고 있을 뿐만 아니라, 앞으로 컴퓨터와 로봇이 소비자를 인식하여 구매를 결정할 수 있도록 돕는다는 기사 말미에는 더 이상 단순 인력이 필요 없을 것이라 진단하고 있기 때문이다.

그러나 나는 판매사원이 하는 일 모두가 컴퓨터나 로봇이 대체할 수 있을 거라 생각하지 않는다. 물론 단순한 구매 선택과 결제는 대신할 수 있겠지만, 지금껏 내가 만나 온 소비자들은 단순히 빠르고 편리한 것만을 선택하는 것이 아니라 질적인 충족 및 만족감 역시 소중히 한다는 것을 알 수 있었기 때문이다.

그런 의미에서 이제 판매사원들도 차별화를 가져야 한다. 단순히 물건을 파는 하찮은 직업이라 생각하며 자신을 장사치로 생각하면 안 되는 것이다. 적어도 나는 판매사원이 갖추어야 할 조건으로 쓰리 지知, 즉 '지식·지성·지혜'가 반드시 있어야 한다고 생각한다. 상품의 정확하게 파악하는 지식과 어떤 고객과도 소통할 수 있는 지성, 난관에 부딪쳐도 슬기롭게 대처하는 지혜, 이 세 가지를 통해 우리는 가치를 판매하는 판매사원으로서 고객과 함께해야 하는 것이다.

그러므로 기계에게 밀려 갈 곳이 없다고 생각하기보다는 판매사원 스스로 자신의 직업을 자랑스럽게 생각하고, 자부심을 갖고 일하며 인간만이 갖고 있는 장점을 살려야 한다고 생각한다.

그러나 판매사원의 자부심은 장기적으로는 대책이 될 수 없다. 고객을 면대면으로 상대해야 하는 판매사원에게 꾸준한 교육 및 육성이 반드시 필요하다. 교육이야말로 장기적으로 인재를 개발하는 가장 좋은 방법이기 때문이기도 하거니와 개인적인 소망으로는 판매에 대한 모든 것을 집중하여 가르쳐 주는 기관이 있었으면 한다. 만약 이

chapter 5

런 곳에서 서비스인들을 육성하고, 판매사원을 넘어 판매전문가로서 전문적인 소양을 쌓을 수 있다면 보다 많은 판매사원들이 중도 이탈하지 않고 매니저를 넘어 더 큰 꿈을 꿀 수 있지 않을까.

나는 맨몸으로 서울에 올라와 가족들을 먹여살려야 한다는 절실함 하나로 단기 아르바이트 사원으로 백화점에 입사했다. 그곳에서 부딪히고, 깨지고, 때로는 눈물을 흘리며 정식 판매사원이 되었고, 수없이 많은 고객들과 동료 판매사원들을 겪었다. 그리고 여러 가지 이유로 백화점을 떠나는 고객과 동료 직원들을 보면서 이 상황을 어떻게 돌파해야 할지 끊임없이 고민했다.

그 결과 끝없는 자기계발과 교육을 통해 한 매장의 매니저로서, 그리고 매니저를 배출하는 매니저로 성장할 수 있었다. 그 과정에서 나는 교육에 대한 절실함과 중요성을 일찍이 깨닫게 되었고, 나와 같은 길을 걷는 이들이 더 많이 배우고 익힐 수 있었으면 하는 소망이 생겨났다. 그런 기대와 소망은 어렴풋하게나마 판매사관학교와 같이 판매전문가 과정을 육성할 수 있는 전문 공간을 내 손으로 만들고 싶다는 생각을 하게 이르렀다. 이곳에서 전문적인 판매사원으로 양질의 인력을 배출할 수 있다면 판매사원들 역시 자신의 일에 자부심을 갖고 임할 수 있고, 고품격 서비스를 받는 고객 역시 행복할 수 있지 않을까 하는 생각에서다.

그렇다면 아무리 오프라인 매장이 없어지는 시대가 온다고 해도 나는 두렵지 않다. 인간만이 갖고 있는 감성과 인간만이 줄 수 있는 감동은 분명 고객에겐 차별화가 될 것이기 때문이다. 그래서 나는 오늘도 꿈꾼다. 자신의 일을 진심으로 사랑하는 판매사원들과 모든 고객이 함께 행복해지는 것. 그것이 나의 생각놀이의 마지막 페이지가 될 것이다.

에필로그

나에겐 불황이 두렵지 않다

"언니, 책 쓰셔야겠다."

2016년 여름, 매장에 놀러 왔던 친한 동생 상희가 지난 나의 이야기를 듣더니 이렇게 말했다.

"언니, 아들이 수능생이니까 같이 목표를 정하세요. 아들은 더 높은 대학을, 언니는 수능 끝날 무렵 책을 한 권 내세요."

이 말을 듣고 나는 그날 밤 아들 태영이에게 제안했다. 아들은 그 제안을 흔쾌히 받아들였다. 그리고 두 사람이 머리를 맞대고 함께 목표를 세웠다. 그 목표를 향해 마음을 다잡고 책쓰기에 도전했다. 길고 지난한 시간이었고, 때때로 포기하고 싶은 마음이 들었지만 아들과의 약속은 마지막 페이지에 온점을 찍을 수 있게 도와주었다.

책을 읽기만 했지 써야겠다는 생각을 단 한 번도 해 본 적 없던 내게 새로운 목표를 세울 수 있게 도와주고 원고를 탈고할 때까지 끝까지 신경을 써 준 동생 상희에게 너무나도 큰 마음의 힘을 받았다. 지면을 통해 진심으로 감사함을 전한다.

그렇게 시작한 나의 책 쓰기에 많은 도움을 주신 분들이 있다. 포기하지 않고 하루하루 성실히 살 수 있었던 힘의 원동력은 나의 동반자들 덕분이다. 그들에게 감사한다. 나의 책쓰기 스승님이신 이채윤 작가님과 고객으로 만났지만 내가 하는 일에 모든 지원을 아끼지 않으신 에포코리아 회장님께도 무한한 감사를 드린다. 특히 훌륭하신 서예가 열암 선생님을 만나게 해 주신 것도 진심으로 감사함을 전한다. 2002년, 월드컵 4강 신화의 선수들에게 투혼이라는 글자를 선물로 써 주신 열암 송정희 선생님께서는 내게 멋진 작가로 성장하라고 무전無全이라는 호號를 지어 주셨다. '온 세상에 아무것도 없다. 하지만 다가진 듯 잘 살 수 있다'라는 엄청난 의미를 지닌 아호雅號다. 이 호를 받고 가슴이 벅찬 기분을 느꼈다. 이런 응원에 힘입어 어렵고 긴 시간 버틸 수 있었던 게 아닐까.

혼자가 아닌 함께라서 여기까지 올 수 있었다. 끊임없이, 지치지 않기 위해 자기계발을 하고 독서를 해도, 가장 소중한 건 사람이 주는 사랑인 것도 느낄 수 있는 시간이었다. 가끔 밤을 꼬박 새고 출근할 때면 같이 일하는 동생들이 큰 버팀목이 되어 주었다.

요즘 사람들이 하나 같이 묻는 말이 있다.

"요즘 어때?"

그러면 나는 이렇게 말한다.

"저는 늘 즐겁습니다."

경기가 안 좋아서 모두 불황이라고 말하지만 나는 당당하게 "저는 좋습니다."하고 대답한다. 요즘은 모든 만나는 사람마다 묻는 안부가 괜찮냐는 걱정이다. 그때마다 나는 일체유심조一切唯心造라는 말을 떠올리며 세상은 마음먹기 달린 것이라고, 세상이 불황이라고 떠들어도 나는 할 수 있다고 말했다. 그러니 나에겐 불황이 두렵지 않다.

조금은 늦었지만 아이들과 약속을 지킬 수 있음에도 감사하다. 이렇게 시작만 하면 무엇이든 할 수 있게 도와준 나의 사랑스러운 보물 1호 수정이, 약속대로 좋은 대학에 입학한 보물 2호 태영이, 힘들 때면 맛있는 걸 사 주며 용기를 북돋워 주는 중학교 친구 5인방들. 그들이 있기에 이 자리까지 올 수 있었다. 그리고 아무것도 모르는 내게 책을 쓸 수 있는 방법을 알려 주고 꿈과 목표를 실현시킬 수 있게 아낌없이 지원해 주신 엔터스코리아 양원근 대표님과 졸고를 스마트하게 변신시켜 준 김효선 과장님께도 감사함을 전한다.

살아 있는 날 중 가장 소중한 오늘, 나의 사랑하는 고객들과 응원해주시는 모든 분들께 감사드린다. 이제 인생의 절반쯤 왔다. 그리고 다시 인생 이모작을 위한 새로운 도전을 한다. 두렵지만 이 또한 해내리라 믿는다. 나는 할 수 있다. 전현미니까.

나에게 불황은 없다

초판 1쇄 인쇄　2018년 5월 25일
초판 1쇄 발행　2018년 5월 30일

지 은 이　전현미
펴 낸 이　인창수
펴 낸 곳　태인문화사
기　　획　출판기획전문 ㈜엔터스코리아
신고번호　제 10-962호(1994년 4월 12일)
주　　소　서울시 마포구 독막로 28길 34
전　　화　02) 704-5736
팩　　스　02) 324-5736
메　　일　taeinbooks@naver.com

ⓒ전현미, 2018
ISBN 978-89-85817-65-3 03320

이 도서의 국립중앙도서관 출판예정도서목록(CIP)은 서지정보유통지원시스템 홈페이지 (http://seoji.nl.go.kr)와 국가자료공동목록시스템(http://www.nl.go.kr/kolisnet)에서 이용하실 수 있습니다. (CIP제어번호:CIP 2018015152)

책값은 뒤표지에 있습니다.

이 책은 저작권법에 따라 보호받는 저작물이므로 무단 전제와 복제를 금합니다.
잘못 만들어진 책은 구입하신 서점에서 교환해 드립니다.